STAR WARS

DIE HOHE REPUBLIK

LEXIKON DER JEDI,

IHRER VERBÜNDETEN UND WIDERSACHER

TEXT VON MEGAN CROUSE UND AMY RICHAU

TITELILLUSTRATION VON PHIL NOTO

INHALT

VORWORT

Über *Die Hohe Republik* zu sprechen, geht nicht, ohne die Leute zu erwähnen, die sie geschaffen haben. Die Leute, die sich in den Figuren wiedergefunden haben. Die Leute unseres kleinen Teils des Internets, die durch die gemeinsame Liebe zum Projekt neue Freunde, Trost und Hoffnung gefunden haben. Wer hätte gedacht, dass dieser Winkel der Galaxis, von dem wir vor Jahren nicht mal ahnen konnten, uns alle in einer unserer dunkelsten Zeiten so zusammenbrächte?

2020 war ein hartes Jahr für uns alle. Ein Jahr voll schrecklicher Verluste, Isolation und mehr Angst als Hoffnung. Ich war junge Mutter mit Wochenbettdepressionen und einem Verlust, der meine Welt erschütterte. Es gab nicht viel, worauf ich mich noch freuen konnte. Dann erhielt ich eine Anfrage, die mein Leben veränderte: Ob ich gern eine zweimonatliche Show auf StarWars.com rund um das »Project Luminous« moderieren würde? Na klar!

Ich ahnte nicht, was diese Zusage mit sich bringen würde – und dass sie mir gar die »Luminous Five« bescheren würde: Cavan Scott, Charles Soule, Claudia Gray, Justina Ireland und Daniel José Older. Zusammen mit Redaktion und Story Group von Lucasfilm sind diese fünf die Architekten der Phase I von *Die Hohe Republik* – und sie mich haben mich nicht nur mit ihren Worten, sondern auch mit ihrer Herzlichkeit berührt.

Ich kam auch in Kontakt mit vielen wundervollen, engagierten Leuten bei Lucasfilm, besonders dem Online-Team und allen Beteiligten an der *The High Republic Show*, die ihr enormes Talent in jeglichen Content einfließen lassen.

Unsere *Die Hohe Republik*-Familie wuchs mit den Neuzugängen der Phase II weiter an: Kristin Baver, Lydia Kang, Tessa Gratton, George Mann und Zoraida Córdova. Und sie wird mit Phase III (hi, Alyssa Wong!) noch größer. Sie wächst auch mit diesem Buch weiter, mit dem wir Amy Richau und Megan Crouse in unserer stetig größer werdenden Familie willkommen heißen.

Wir alle haben unser Stück *Star Wars*, mit dem wir diese Galaxis kennen und auf ewig lieben gelernt haben. Sollte dieses Buch dein erster Ausflug in *Die Hohe Republik* oder gar *Star Wars* insgesamt sein: Willkommen! Mögen die Figuren dich verzaubern. Möge dich die Fangemeinde herzlich aufnehmen. Mögen die Abbildungen und Geschichten deine Neugier und Fantasie beflügeln. Mögen sie dich daran erinnern, dass uns alle, egal wie dunkel die Tage erscheinen, die Liebe zu *Star Wars* vereint und uns als Licht in der Dunkelheit dienen kann – als Leuchtfeuer.

Krystina Arielle
Moderatorin von *Star Wars: The High Republic Show*

EINLEITUNG

Die Ära der Hohen Republik, rund 500–100 Jahre vor dem Ende der Republik, ist ein Goldenes Zeitalter des Fortschritts. Die Galaktische Republik und der Jedi-Orden arbeiten als Entdecker und Friedenshüter Hand in Hand und dringen immer weiter in die tiefsten Ausläufer der Galaxis vor, um jenen in Not beizustehen. Hyperraumprospektoren wie die der mächtigen Familien Graf und San Tekka suchen ihr Glück und verschieben die Grenze durch die Entdeckung neuer Routen immer weiter.

In jener Zeit von Fleiß und Pracht bauen Republik und Jedi die Starlight-Station, eine Megabake, die als strahlendes Leuchtfeuer von einer Periode der Kooperation und des Wohlstands zeugt. Die Jedi errichten Außenposten in weit entlegenen Regionen, wo sie denken, mit ihrer Präsenz etwas bewirken zu können.

In der Galaxis gibt es viele Gruppen wie die Jedi, die sich auf eine besondere Verbindung oder Hingabe zur Macht stützen. Einige dieser Sekten haben extremere Ansichten als andere, aber der Konvent der Macht – eine Vereinigung in der Heiligen Stadt von Jedha – verfolgt das Ziel, alle zusammenzubringen, um sich zu verständigen und Beziehungen zu pflegen.

Ein großer Teil der Galaxis ist von der Republik noch immer unentdeckt und Gefahren aus diesen Regionen sind schwer zu erahnen. Piraten und Söldner greifen entlegene Siedlungen und Reisende an. Kriminelle Vereinigungen wie die Hutts haben großen Einfluss in den von ihnen kontrollierten Gebieten. Und Gruppen wie der mysteriöse Pfad der Offenen Hand und etwas später die chaotischen und rücksichtslosen Nihil streben nach mehr Macht, indem sie den Jedi-Orden attackieren.

ÜBER DIESES BUCH

Das *Lexikon der Jedi, ihrer Verbündeten und Widersacher* wartet mit Infos zu Lebensgeschichte und Schicksal von über 275 Figuren aus der Ära der Hohen Republik auf. Die Einträge im Buch sind nach den Gruppierungen sortiert, denen die einzelnen Figuren angehören. Ein alphabetisch sortiertes Register findet sich zudem am Ende.

Im Buch genannte Ereignisse sind danach datiert, wie viele Jahre vor der Schlacht von Yavin (VSY) sie stattgefunden haben. Diese Schlacht ist ein entscheidendes Ereignis, das zuerst in *Star Wars: Eine neue Hoffnung* zu sehen war.

Das Literaturprojekt *Die Hohe Republik* ist in drei Phasen gegliedert. Die Symbole oben rechts bei jedem Eintrag zeigen an, in welcher Phase die Figur in Erscheinung tritt.

PHASE II
Die Suche der Jedi
Um 500–382 VSY

PHASE I
Das Licht der Jedi
252–229 VSY

PHASE III
Die Prüfungen der Jedi
Um 229–227 VSY

ABKÜRZUNGEN DER WERKE

Unter den gebotenen Informationen zu jeder Figur findet sich auch die Angabe, in welchem *Die Hohe Republik*-Werk sie zuerst aufgetreten ist. Beispielsweise war die legendäre Maz Kanata zwar erstmals in *Star Wars: Das Erwachen der Macht* zu sehen, doch dieses Buch gibt für ihr erstes Auftreten *Star Wars: Die Hohe Republik – Abenteuer* (Phase I) an. Für jegliche Figuren ist also lediglich ihr erstes Auftreten in einem Werk aus der Ära der Hohen Republik relevant.

AdjJ *Star Wars: Die Abenteuer der jungen Jedi*
AdS *Star Wars: Die Hohe Republik – Aus den Schatten*
AdSnPX *Star Wars: Die Hohe Republik – Auf der Suche nach Planet X*
ARdG1 *Star Wars: Die Hohe Republik – Am Rande des Gleichgewichts,* Band 1
ARdG2 *Star Wars: Die Hohe Republik – Am Rande des Gleichgewichts,* Band 2
ARdG: P *Star Wars: Die Hohe Republik – Am Rande des Gleichgewichts: Präzedenzfall*
DAdF *Star Wars: Die Hohe Republik – Das Auge der Finsternis*
DB *Star Wars: Die Hohe Republik – Die Bewährungsprobe*
DgS *Star Wars: Die Hohe Republik – Der gefallene Stern*
DHR (PI) *Star Wars: Die Hohe Republik* (Marvel Comics, Phase I)
DHR (PII) *Star Wars: Die Hohe Republik* (Marvel Comics, Phase II)
DHR: DAdS *Star Wars: Die Hohe Republik – Das Auge des Sturms*
DHR: DK *Star Wars: Die Hohe Republik – Die Klinge*
DHR: SdS *Star Wars: Die Hohe Republik – Spur der Schatten*
DHRA (PI) *Star Wars: Die Hohe Republik – Abenteuer* (Phase I)
DHRA (PII) *Star Wars: Die Hohe Republik – Abenteuer* (Phase II)
DHRA: A *Star Wars: Die Hohe Republik – Abenteuer* (Annual)
DHRA: DgB *Star Wars: Die Hohe Republik – Abenteuer: Das galaktische Backspektakel*
DHRA: DMvT *Star Wars: Die Hohe Republik – Abenteuer: Das Monster vom Tempelberg*
DHRA: DnS *Star Wars: Die Hohe Republik – Abenteuer: Der namenlose Schrecken*
DHRA: DSdJ *Star Wars: Die Hohe Republik – Abenteuer: Die Suche der Jedi*
DLdJ *Star Wars: Die Hohe Republik – Das Licht der Jedi*
DPdR *Star Wars: Die Hohe Republik – Der Pfad der Rache*
DPdT *Star Wars: Die Hohe Republik – Der Pfad der Täuschung*
DSndvS *Star Wars: Die Hohe Republik – Die Suche nach der verborgenen Stadt*
DSvJ *Star Wars: Die Hohe Republik – Die Schlacht von Jedha*
DVn *Star Wars: Die Hohe Republik – Die Vernichtung*
DVs *Star Wars: Die Hohe Republik – Die Verschwörung*
FvV *Star Wars: Die Hohe Republik – Flucht von Valo*
GadE: EaB *Star Wars: Die Hohe Republik – Geschichten aus dem Enlightenment: Ein anderer Blickwinkel*
GadE: LR *Star Wars: Die Hohe Republik – Geschichten aus dem Enlightenment: Letzte Runde*
GadE: NP *Star Wars: Die Hohe Republik – Geschichten aus dem Enlightenment: Neue Perspektiven*
GvLuL *Star Wars: Die Hohe Republik – Geschichten von Licht und Leben*
IdD *Star Wars: Die Hohe Republik – In die Dunkelheit*
IZdS *Star Wars: Die Hohe Republik – Im Zeichen des Sturms*
J: S *Star Wars Jedi: Survivor*
KuV *Star Wars: Die Hohe Republik – Kampf um Valo*
LT *Star Wars: Lebenstag*
MH *Star Wars: Die Hohe Republik – Mitternachtshorizont*
MiV *Star Wars: Die Hohe Republik – Mission ins Verderben*
OL *Star Wars: Die Hohe Republik – Orkanläuferin*
S: Av *Star Wars: Die Hohe Republik – Starlight: Allzeit vereint*
S: EE *Star Wars: Die Hohe Republik – Starlight: Erster Einsatz*
S: FF *Star Wars: Die Hohe Republik – Starlight: Frühere Fehler*
S: SuE *Star Wars: Die Hohe Republik – Starlight: Schatten und Echos*
TfGE *Star Wars: Tales from Galaxy's Edge*
TfGE: LC *Star Wars: Tales from Galaxy's Edge: Last Call*
THRS *Star Wars: The High Republic Show*
SW:Y *Star Wars: Yoda*

DIE SUCHE DER JEDI

Um 500–382 VSY

500 VSY

VERSTREUTE EVERENI
Die Heimatwelt der Evereni, jener Spezies, der die Familie Ro angehört, fällt einer Naturkatastrophe, dem Großen Sturm, zum Opfer. Die verbliebenen Evereni sind danach in der Galaxis versprengt. Andere halten sie oft für wenig vertrauenswürdig.

392 VSY

AUFKLÄRERMISSIONEN
Die Galaktische Republik startet Missionen, um neue, sichere Hyperraumrouten zu finden. Zu den Aufklärerteams gehören Jedi und Mitglieder der Republik.

387 VSY

EWIGER KRIEG BEGINNT
Spannungen zwischen den beiden Nachbarwelten Eiram und E'ronoh weiten sich zum fortwährenden Konflikt aus.

382 VSY

ZERSTÖRTER ECHOSTEIN
Auf Angcord zerstören Jedi-Meister Barnabas Vim und sein Padawan Vix Fonnick den Echostein.

382 VSY

PORTER, DIE »KLINGE«
Jedi Porter Engle wir wegen seiner Stärke im Kampf mit dem Lichtschwert als »Klinge von Bardotta« bekannt.

382 VSY

ROYALE HOCHZEIT
Xiri A'lbaran von E'ronoh und Phan-tu Zenn von Eiram heiraten, um Frieden zwischen ihren Welten zu befördern.

382 VSY

AXELS VERRAT
Jedi-Ritterin Gella Nattai entdeckt, dass Kanzlerin Greylarks Sohn Axel die Friedensbemühungen sabotieren will. Axel wird inhaftiert.

382 VSY

JEDI UNDERCOVER
Auf Takodana geht Jedi-Padawan Sav Malagán bei Maz Kanatas Piratenbande undercover.

382 VSY

VILDARS REISE
Meister Vildar Mac fliegt auf der Suche nach spirituellem Frieden zum Mond Jedha. Er hilft Padawan Matthea Cathley, den Dieb Tey Sirrek zu verfolgen.

382 VSY

SCHLACHT VON JEDHA
Auf Jedha sorgt der Pfad der Offenen Hand für Gewaltausbrüche. Eine alte Jedi-Statue wird niedergerissen und auf einem Friedensgipfel zwischen Eiram und E'ronoh bricht Chaos aus.

382 VSY

AUFKLÄRUNG AUF DALNA
Die Jedi Aida Forte und Creighton Sun entdecken, dass der Pfad auf Dalna Waffen bunkert und über Namenlose verfügt.

382 VSY

ZUSAMMENARBEIT
Kanzler Orlen Mollo überzeugt Monarch A'lbaran von E'ronoh, Eiram zu helfen, beschädigte Kommunikationsbaken zu reparieren – ein wichtiger Schritt in Richtung Frieden.

382 VSY

DIE NACHT DES LEIDS
Auf Dalna kommt es zum Kampf zwischen dem Pfad der Offenen Hand und den Jedi. Viele Dalnaner sterben.

382 VSY

ÜBERFLUTUNG DER ANLAGE DES PFADS
Die Jedi Yoda und Yaddle retten Gella und Axel das Leben, als die Anlage des Pfads überflutet wird.

382 VSY

ANGRIFF AUF AZLIN
Jedi Azlin Rell trifft auf die Namenlosen. Er überlebt, aber das Ereignis verstört ihn zutiefst.

382 VSY

DIE MASKE FÄLLT
Jedi-Ritterin Oliviah Zeveron stellt sich ihrer Schwester, der »Mutter«. Die Anwesenden des Pfads sind schockiert, dass die Mutter Verbindungen zu einer Jedi hat.

382 VSY

ENDE EINES PFADS
Marda Ro tötet die Mutter, indem sie den Großen Gleichmacher auf sie loslässt.

Große Teile der Galaxis warten darauf, entdeckt zu werden. Aufklärerteams der Republik wie auch unabhängige Prospektoren kartografieren unerforschte Bereiche des Alls. Kanzlerin Kyong Greylark dient der Republik in ihrem Zentrum auf Coruscant, der mit ihr regierende Kanzler Orlen Mollo wendet sich Völkern in ferneren Systemen zu. Der auf Dalna ansässige Pfad der Offenen Hand stiehlt Machtartefakte und entfesselt mysteriöse Kreaturen, die Namenlosen.

383 VSY

HYPERRAUMRAUSCH
Unabhängige Prospektoren erfassen gewinnbringende Hyperraumrouten. Die einflussreichsten unter ihnen gehören den konkurrierenden Familien Graf und San Tekka an.

385 VSY

AUF NEUEN PFADEN
Elecia Zeveron übernimmt als die »Mutter« auf Dalna die Kontrolle über eine als Pfad der Offenen Hand bekannte Gruppe.

382 VSY

PROSPEKTOREN FINDEN PLANET X
Die Prospektoren Radicaz »Sunshine« Dobbs sowie Spence und Dass Leffbruk erkunden den rätselhaften Planeten X. Das Schiff der Leffbruks stürzt ab und Sunshine rettet sie mit dem seinen, nur um später auf Aubadas zu stranden.

382 VSY

TOD AUF DALNA
Die Jedi Zallah Macri und Kevmo Zink fallen einem von der Mutter kontrollierten Namenlosen zum Opfer.

382 VSY

ORTSWECHSEL
Der Pfad der Offenen Hand flieht mit seinem Flaggschiff, der *Gaze Electric*, nach Jedha.

382 VSY

KAMPF GEGEN DEN NAMENSLOSEN SCHRECKEN
Jedi-Meister Rok Buran und ein Aufklärerteam stellen sich einem der namenlosen Monster und erleiden schwere Verluste.

382 VSY

SHOWDOWN AUF AUBADAS
Jedi-Meisterin Silandra Shos Aufklärerteam bricht nach Aubadas auf, um Buran zu suchen.

382 VSY

UNTERSUCHUNG DES ANSCHLAGS
Meisterin Silandra Sho und Keth Cerapath von Jedha untersuchen den Anschlag auf den Friedensgipfel.

382 VSY

DER STAB DER JAHRESZEITEN
Vildar Mac und Tey Sirrek kämpfen mit Yana Ro und dem Herold vom Pfad um Waffen, die die Namenlosen kontrollieren können. Yana erlangt den Stab der Jahreszeiten, der Stab des Tagesanbruchs ist dahin.

382 VSY

ENDE DER WAFFENRUHE
Ein vom Pfad herbeigeführter Absturz eines Schiffes auf dem Mond Eirie macht den brüchigen Frieden zwischen Eiram und E'ronoh zunichte.

382 VSY

ZURÜCK ZU PLANET X
Pfadmitglied Marda Ro und Sunshine Dobbs fliegen zum Planeten X, um Eier der Namenlosen zu beschaffen.

382 VSY

AXELS BEFREIUNG
Die Jedi Gella Nattai und Orin Darhga befreien Axel Greylark aus der Haft, um mehr über die Pläne des Pfads zu erfahren.

382 VSY

VERHANDLUNGEN
Yoda entsendet Meister Char-Ryl-Roy und Padawan Enya Keen nach Eiram und E'ronoh. Sie überzeugen Xiri A'lbaran, sie zu begleiten, um sich dem Pfad auf Dalna zu stellen.

382 VSY

MARDA RO AM RUDER
Marda übernimmt das Kommando über den Pfad, die *Gaze Electric* und den Gleichmacher. Sie hat auch den Stab der Jahreszeiten.

382 VSY

HYPERRAUMJAGD
Dass Leffbruk und Padawan Rooper Nitani nehmen als Teil ihres Plans, sich Dass' Schiff vom Planeten X zurückzuholen, an einem Wettbewerb für Hyperraumkundschafter teil.

382 VSY

NEUER FRIEDENSVERTRAG
Die Herrscher von Eiram und E'ronoh feiern Frieden zwischen ihren Welten. Eine neue Hyperraumroute verbindet die beiden Planeten mit dem Hetzal-System.

DAS LICHT DER JEDI

252–229 VSY

252 VSY

DIE NIHIL WACHSEN
Asgar Ro ernennt sich zum Auge der Nihil. Mithilfe der von seiner Gefangenen, Mari San Tekka, erlangten Hyperraumpfade lässt er die Gruppe größer werden.

242 VSY

EIN NEUES AUGE
Nachdem Lourna Dee, eine Orkanläuferin der Nihil, Asgar erstochen hat, ergreift dessen Sohn Marchion die Macht und wird das neue Auge der Nihil.

Um 234 VSY

NEUE KANZLERIN
Lina Soh vom Planeten Daghee wird zur Obersten Kanzlerin der Galaktischen Republik gewählt.

232 VSY

GROSSE KATASTROPHE
Das republikanische Schiff *Legacy Run* trifft beim Flug durch den Hyperraum auf ein Hindernis. Die Trümmer des Unglücks bedrohen das Hetzal-System, bis die Jedi eintreffen.

232 VSY

STARLIGHT-STATION
Die Starlight-Station, eine Megabake im Äußeren Rand und eines von Kanzlerin Sohs Großen Werken, wird feierlich eröffnet.

232 VSY

JEDI-RÄTSEL
Jedi-Meister Yoda verschwindet nach der Schlacht von Quantxi auf rätselhafte Weise.

231 VSY

KAMPF GEGEN DIE DRENGIR
Die Jedi erkennen, dass die Drengir von der Großen Stammmutter auf dem Planeten Mulita kontrolliert werden.

231 VSY

VERTEIDIGUNG VON BANCHII
Jedi-Ritterin Lily Tora-Asi hilft dabei, den Jedi-Außenposten auf Banchii vor den Drengir zu retten.

231 VSY

ANGRIFF AUF DIE REPUBLIK-SCHAU
Soh eröffnet auf Valo die Republik-Schau, ein weiteres ihrer Großen Werke. Kurz darauf trifft eine Nihil-Flotte ein und bombardiert die Messe. In einer erbitterten Schlacht versucht Lourna Dee, Soh zu töten. Republik und Jedi halten Lourna fälschlich für die Anführerin der Nihil.

231 VSY

SIEG AUF MULITA
Die Jedi und die Hutts tun sich zusammen, um die Drengir auf Mulita auszuschalten.

231 VSY

VERRAT BEI CYCLOR
Marchion und Lourna Dee hintergehen bei der Schlacht gegen die Republik über Cyclor Nihil-Orkanläufer Pan Eyta.

230 VSY

UNTERGANG DER STARLIGHT
Bei einem Angriff der Nihil auf die Starlight wüten Namenlose auf der Station und töten mehrere Jedi. Stellan Gios und Estala Maru opfern sich selbst, um andere zu retten, aber die Raumstation wird zerstört und stürzt ins Meer von Eiram. Senatorin Ghirra Starros, eine Spionin der Nihil, kehrt an Marchions Seite zurück.

230 VSY

NIHIL-FEIER
Während Rettungseinsätze bei der Absturzstelle auf Eiram weitergehen, werden die Jedi nach Coruscant zurückgerufen. Marchion verkündet der Galaxis, dass er der Anführer der Nihil ist.

230 VSY

OKKLUSIONSZONE
Die Nihil beanspruchen für sich zehn galaktische Sektoren – umgeben von einer Barriere, die Hyperraumflüge ohne ihre Einwilligung verhindert. Die Republik versucht erfolglos, sie zu durchbrechen.

229 VSY

SITZUNG IM SENAT
Der Jedi-Orden kommt im Senatssaal auf Coruscant zusammen. Eine Reihe von Notstandsanordnungen wird vom Hohen Rat verfügt, um die Jedi in der Zeit der Krise zu schützen.

229 VSY

AZLIN RELLS RÜCKKEHR
Yoda bringt den gefallenen Jedi Azlin Rell in die Ratskammer im Jedi-Tempel. Die anderen Ratsmitglieder sind entsetzt, dass Azlin der dunklen Seite anheimfiel, aber stimmen Yoda zu, dass er gegen die Namenlosen helfen könnte.

229 VSY

SOHS BITTE
Kanzlerin Soh bittet darum, dass Jedi-Krieger der Republikanischen Verteidigungskoalition im Kampf gegen Nihil-Piraten im Territorium der Republik helfen.

Die Zukunft für den Jedi-Orden, die Galaktische Republik und die ganze Galaxis scheint rosig. Die Oberste Kanzlerin Lina Soh arbeitet mit dem Jedi-Rat an der Erschaffung Großer Werke – Maßnahmen und Bauprojekte, die mehr Welten in den Schoß der Republik führen sollen. Doch eine ruchlose Piratenbande, die Nihil, bedroht diese Zeit des Wohlstands. Unter Führung von Marchion Ro führen sie zu eigenen schändlichen Zwecken Zwietracht und Zerstörung herbei.

232 VSY

EMERGENZEN

Soh willigt ein, Hyperraumrouten zu sperren, als Trümmerteile der *Legacy Run* an verschiedenen Orten der Galaxis aus dem Hyperraum austreten. Die Republik setzt alles daran, ein System zu entwickeln, das diese Emergenzen vorhersagt.

232 VSY

KRIEG GEGEN DIE NIHIL

Als klar ist, dass die Nihil hinter der Großen Katastrophe stecken, schwören Jedi und Galaktische Republik, sie zu besiegen.

232 VSY

SCHLACHT VON KUR

Die Jedi erleiden bei einer Schlacht mit den Nihil nahe des Kur-Nebels schwere Verluste.

232 VSY

ENTFÜHRUNG AUF ELPHRONA

Jedi-Meister Loden Greatstorm wird auf Elphrona von den Nihil gefangen genommen.

232 VSY

DRENGIR-PLAGE

Die Jedi erkennen, dass sie auf der alten Amaxinen-Raumstation unbeabsichtigt eine gefährliche, fleischfressende Spezies befreit haben – die Drengir.

232 VSY

NIHIL-SABOTAGE

Nachdem die *Steady Wing* sabotiert wurde, kämpft Jedi-Ritterin Vernestra Rwoh auf Wevo gegen die Nihil.

232 VSY

EINE NEUE RITTERIN

Keeve Trennis wird von Jedi-Meisterin Avar Kriss auf der Starlight-Station zur Jedi-Ritterin ernannt.

231 VSY

SCHLACHT VON GRIZAL

Auf der Nihil-Basis auf Grizal lässt Ro den Großer Gleichmacher genannten Namenlosen auf die Jedi los. Er lässt Meister Loden Greatstorm zu Staub zerfallen.

231 VSY

JEDI-ERMITTLUNG

Der Jedi Emerick Caphtor und Privatermittlerin Sian Holt gehen gemeinsam Lodens Tod nach.

231 VSY

HYPERRAUMRÄTSEL

Im Gravitationsherzen, einer Raumstation der Nihil, gibt die dort gefangene Mari San Tekka Vernestra Rwoh vor ihrem Tod einen Hyperraumpfad.

231 VSY

TAKODANA UNTER BESCHUSS

Die Jedi Sav Malagán verteidigt den Jedi-Tempel auf Takodana gegen einen Überfall der Nihil.

231 VSY

JAGD AUF DIE NIHIL

Keeve Trennis geht auf Xais als Nihil-Captain undercover. Sie und Jedi Terec entgehen knapp dem Großen Gleichmacher.

230 VSY

TRAGÖDIE AUF DALNA

Nachdem die Nihil dort katastrophale Vulkanausbrüche ausgelöst haben, hilft die Starlight-Station, Bewohner von Dalna zu evakuieren.

230 VSY

CORELLIA-KOMPLOTT

Yoda kehrt zurück und hilft einer Gruppe Jedi, einen Plan der Nihil zu vereiteln, republikanische Schiffe von Corellia zu stehlen.

229 VSY

KATASTROPHE AUF TRAVYX PRIME

Yoda und Azlin begeben sich nach Travyx Prime, ein Planet, der eine Spur zum Ursprung der Namenlosen verheißt. Azlin will alle Wege zu den Kreaturen vernichten und lässt mithilfe der dunklen Seite ein Schiff der Republik auf eine Stadt stürzen, was für viele Tote sorgt. Er und Yoda sehen alles von einem Shuttle aus mit an.

229 VSY

DÜSTERER JAHRESTAG

Als sich der Fall der Starlight-Station jährt, tötet Marchion Jedi-Ratsmitglied Pra-Tre Veter, indem er einen Namenlosen auf ihn loslässt. Die brutale Hinrichtung wird in die ganze Galaxis übertragen.

KAPITEL 1

DIE JEDI

Die Parole der Jedi – »Für Licht und Leben!« – weckt Hoffnung in allen, die sie hören. Verbunden durch die Taten und Überzeugungen des alten Ordens, pflegen alle Jedi ihre eigene, einzigartige Verbindung mit der Macht.

FRIEDLICHES WACHSTUM

Die Hohe Republik ist eine Ära des Friedens für die Jedi. In ihren Tempeln werden Lichtschwerttechniken und der Einsatz der Macht zur Verteidigung gelehrt, aber kein Jedi erwartet, je viel kämpfen zu müssen. Die Jedi glauben, ihre Emotionen im Gleichgewicht halten zu müssen, doch sie sind offen und respektvoll gegenüber jenen, die einen anderen Weg beschreiten. Ihr Hauptsitz ist auf Coruscant, und während die Republik immer weiter wächst, werden eine Reihe von Jedi-Außenposten in der Galaxis errichtet.

GALAKTISCHE VERBÜNDETE

Die Jedi arbeiten eng mit der Führung der Republik zusammen, aber sie sind einander dabei nicht verpflichtet. Die berühmte, in Kooperation zwischen Republik und Jedi gebaute Starlight-Station spiegelt wider, wie beide zu jener Zeit über die Galaxis denken: Die Zukunft ist strahlend.

DIE JEDI

Der Jedi-Orden ist die größte und einflussreichste Gruppe von machtsensitiven Wesen in der Galaxis. Seine Mitglieder studieren alte Lehren und üben sich darin, ihre Verbindung zur Macht auszubauen. Der Orden glaubt, dass persönliche Bindungen wie romantische Beziehungen einen Jedi von seinen Pflichten ablenken.
Dennoch sehen sie sich gegenseitig als Familie.

DAS LEBEN EINES JEDI

Viele Jedi kommen als Kleinkinder in den Orden. Als Jünglinge lernen sie durch Meditation, die Macht zu kontrollieren, und knüpfen Bande mit ihresgleichen. Mit wachsenden Fähigkeiten vollbringen sie erstaunliche akrobatische Leistungen. Wenn sie bereit sind, wird ihnen als Padawan ein erfahrener Jedi als Meister zur Seite gestellt.

Der Meister leitet sie an, sich mit der Macht zu verbinden, und bringt ihnen bei, welche Rolle die Jedi in der Galaxis spielen. Das Band zwischen Meister und Schüler gehört mit zum Prägendsten im Leben eines Jedi.

RITTERSCHLAG

Padawane, die ihre Jedi-Prüfung bestanden haben, werden zum Jedi-Ritter. Ihr Padawanzopf wird ihnen abgeschnitten (sofern sie einen tragen) und sie müssen nicht länger von einem Meister begleitet werden. Sie können auf eigene Missionen gehen und womöglich selbst einen Padawan ausbilden. Auch als Ritter feilen sie weiter an ihren Fertigkeiten und erlangen neues Wissen. Wenn der Rat es als gegeben erachtet, können sie gar in den Rang eines Jedi-Meisters aufsteigen.

ANDERE WEGE

Als Jedi geht es nicht nur darum, wichtige Missionen zu erfüllen. Einige studieren die Schriften jener, die vor ihnen kamen. Andere konzentrieren sich aufs Verwalten, Heilen oder Lehren. Auch Jedi, die aus dem traditionellen System herausfallen, haben ihren Platz im Orden. Wegsuchende folgen den eigenen Instinkten. Obwohl sie keinen Anweisungen des Jedi-Rats folgen, werden sie doch von ihm empfangen. Einige Jedi legen den Barash-Eid ab und schotten sich vom Rest des Ordens ab, um sich rein auf ihre Verbindung zur Macht zu konzentrieren. Andere Machtnutzer kommen erst später im Leben zum ersten Mal mit dem Orden in Kontakt. Sie werden manchmal eingeladen, zusammen mit den Padawanen mehr über die Macht zu lernen.

DER HOHE RAT

Der Jedi-Rat leitet den Orden und trifft wichtige Entscheidungen für Gegenwart und Zukunft. Die wegen ihrer Erfahrungen und Leistungen erwählten Ratsmitglieder finden stets ein offenes Ohr beim Senat der Republik, der sich oft an sie wendet, wenn Hilfe benötigt wird. Die Jedi unterstehen der Republik nicht, aber im Streben nach Frieden und Gerechtigkeit kommt es zu mancherlei gemeinsamen Missionen, Projekten und Initiativen, bei denen Jedi und Republik dieselben Ziele verfolgen.

PORTER ENGLE

DIE KLINGE VON BARDOTTA

PRONOMEN: Er/ihn
SPEZIES: Ikkrukkianer
GRÖSSE: 1,93 m
ZUGEHÖRIGKEIT: Jedi-Orden
ERSTES AUFTRETEN: DLdJ

Porter Engle ist einer der angesehensten Duellanten des Jedi-Ordens, dessen Können im Umgang mit dem Lichtschwert seinesgleichen sucht und in der ganzen Galaxis bewundert wird. In späteren Jahren erlangt er einen Ruf als exzellenter Koch mit gelassener Art. Als er im Jedi-Tempel aufwuchs, knüpfte er enge Bande mit Jüngling Barash Silvain.

SORGEN DES RATS

Porter und Barash sind so unzertrennlich, dass der Jedi-Rat sie aus Sorge wegen ihrer Bindung trennen will. Doch die Jünglinge konzentrieren sich auf verschiedene Talente – Porter auf den Kampf mit dem Lichtschwert und Barash darauf, die Energie der Macht zu fühlen und Wahrheit von Lüge zu unterscheiden –, was sie als Team stärker macht. Manchmal üben die beiden allein, aber der Rat zwingt sie nie, sich zu trennen.

SCHLACHT AUF GANSEVOR

Da sie unter Belagerung stehen, sendet die Botschafterin des Planeten Gansevor einen Hilferuf an die Jedi, dem Porter und Barash folgen. Porter will dort Leben retten und nicht andere töten oder als Soldat in einem fremden Krieg dienen.

Als es zum Kampf kommt, beweist Barash ihr Vertrauen in die Macht und Porter, als sie ohne Angst durch einen Hagel von Blasterfeuer hindurchläuft, weil sie weiß, dass ihr Partner ihr mit seinem blauen Lichtschwert den Rücken freihält.

»NIEMAND SOLLTE HUNGERN.«

– **Porter Engle**

Nahezu im Alleingang nimmt es Porter mit der Söldnerin Viess und ihrer Armee auf. Der Jedi ist darauf bedacht, niemanden zu töten und lässt den Gegnern stattdessen die Blaster aus der Hand fliegen, selbst wenn sie ihn erschießen wollen. Porters Lichtschwert bewegt sich flink und präzise und durchtrennt das schwächere Material, das Viess' Beskarrüstung zusammenhält. Viess ist klar unterlegen und wirft eine Sprengladung in die Menge, da sie weiß, dass Porter ihr Duell beenden wird, um anderen das Leben zu retten. Als er genau das tut, nutzt sie die Chance zur Flucht.

KOCHEN IN DER WILDNIS

Nach einem traumatischen Erlebnis kehrt Porter dem Kampf an der Front den Rücken zu. Im Jedi-Außenposten auf Elphrona gibt er sich ganz seiner Kochleidenschaft hin. Er ist weiter gewandt mit dem Lichtschwert, schneidet damit aber nun lieber Zutaten für ein neues Gericht.

ERINNERUNGEN AN FRÜHERE ZEITEN

Später unterstützt Porter die Jedi auch wieder im Kampf. Beim Angriff der Nihil auf Valo setzt er eine Form der Schlachtmeditation ein, um andere Jedi gedanklich zu vereinen und mit ihnen in Formation zu fliegen. Er teilt auch Erinnerungen an seine ereignisreiche Vergangenheit als legendäre »Klinge von Bardotta«.

VILDAR MAC

HEIMGESUCHTER JEDI-RITTER

PRONOMEN: Er/ihn
SPEZIES: Kiffar
GRÖSSE: 1,91 m
ZUGEHÖRIGKEIT: Jedi-Orden
ERSTES AUFTRETEN: DHR (PII)

Vildar Mac ist ein schroffer, ernster Jedi-Meister, der in die Heilige Stadt auf Jedha entsandt wird, um mit Padawan Matthea Cathley zusammenzuarbeiten. Die beiden stellen Nachforschungen zu einem von vielen Artefakten an, die jüngst in der Stadt verschwunden sind. Vildar ist überrascht, dass etliche Zivilisten auf Jedha nicht allzu gut über die Jedi denken. Bei Missionen greift er auf Machtvisionen zurück, die allerdings schwer zu kontrollieren sind.

TRAUMATISCHE VERGANGENHEIT

Vildar wird von einer Kindheitserinnerung von vor seiner Zeit im Jedi-Orden verfolgt. Als Vierjähriger beobachtete er, wie ein Fremder – einer der Hexer von Tund – in seinem Dorf auf Kiffex mehrere Personen tötete. Vildar spürte eine Dunkelheit von ihm ausgehen, die er nie vergaß. Jedi-Meister Larti rettete Vildar vor dem Angriff und nahm ihn später als seinen Padawan an.

ÄRGER AUF JEDHA

Vildar wird panisch, als er in den Straßen von Jedha den Hexer von Tund Tarna Miak sieht. Er fürchtet, Miak sei ebenso gefährlich wie der Schurke, der ihm als Kind solche Angst eingejagt hat. Später sorgt der Herold des Pfads der Offenen Hand für Aufruhr vor dem Konvent der Macht, und Vildar wird von Schrecken und Verwirrung übermannt, als in der Heiligen Stadt ein Namenloser losgelassen wird.

»ICH BRAUCHE KEINEN RESPEKT – NUR DIE MACHT.« – Vildar Mac

UNERWARTETE VERBÜNDETE
Vildar ist zuerst irritiert wegen des exzentrischen Tey Sirrek, der auch Nachforschungen zu gestohlenen Artefakten anstellt. Doch bald formt sich eine enge Bande. Vildar fragt sich, ob die Wächter der Whills Sirrek zu Unrecht der jüngsten Diebstähle beschuldigen, und Sirrek kommt Vildar zu Hilfe, als dieser in der Schlacht von Jedha unter einem Gebäude festsitzt. Als Vildar glaubt, Sirrek sei vom Pfad der Offenen Hand getötet worden, wendet er sich kurzzeitig der dunklen Seite zu. Nach der Schlacht nimmt er einen Platz im Konvent ein und bittet Sirrek, sich ihm anzuschließen.

BARASH SILVAIN

ERGRÜNDERIN DER WAHRHEIT

PRONOMEN: Sie/ihr
SPEZIES: Kage
GRÖSSE: 1,80 m
ZUGEHÖRIGKEIT: Jedi-Orden
ERSTES AUFTRETEN: DHR: DK

Barash Silvain wächst mit Porter Engle im Jedi-Tempel auf. Als Jünglinge sind die beiden sich so nah wie Geschwister. Dank ihres exzellenten Gedächtnisses erinnert sich Barash gut an ihre Familie, obwohl sie schon als Kleinkind in den Orden kam.

DER BARASH-EID

Barashs Fähigkeit, die Wahrheit zu spüren, lässt sie Jahre später auf Gansevor im Stich. Die Jedi wird von Prinzessin Sicatra hintergangen, die mit ihren Gefühlen spielt. Niedergeschlagen gelobt Barash, eine Jedi zu bleiben, aber nie wieder für den Orden aktiv zu sein. Lange nach Barashs Tod ehren einige Jedi weiter dieses forthin als Barash-Eid bekannte Gelübde.

»GEWALT IST STETS DAS LETZTE MITTEL EINES JEDI.«

– Barash Silvain

MATTHEA CATHLEY

REDSELIGE JEDI-SCHÜLERIN

PRONOMEN: Sie/ihr
SPEZIES: Twi'lek
GRÖSSE: 1,68 m
ZUGEHÖRIGKEIT: Jedi-Orden, Konvent der Macht
ERSTES AUFTRETEN: DHR (PII)

Matthea »Matty« Cathley ist eine selbstbewusste, enthusiastische Padawanschülerin, die auf Jedha stationiert ist, wo ihre Meisterin Leebon die Jedi im Konvent der Macht vertritt. Matty ist eine grandiose Friedenshüterin und ihre Geduld und Güte sind auf dem unruhigen Mond gern gesehen. Sie trägt dazu bei, Außenstehenden zu erklären, dass die Jedi auf Jedha sind, um zu beraten und zu vermitteln, nicht um für ihre Ansichten zu werben.

GEHEIME MISSION

Matty arbeitet mit Leebons Assistentin, der Jedi Oliviah Zeveron, zusammen, doch die beiden sind nicht eng befreundet. Nach der Schlacht von Jedha fliegen Oliviah und Matty nach Dalna, um mehr über den Pfad der Offenen Hand zu erfahren. Dort hält Matty den Jedi-Ritter Azlin Rell davon ab, den Herold mit der Macht zu erwürgen.

»DARUM GEHT'S IM KONVENT. EINEN DIALOG ZWISCHEN DEN GLÄUBIGEN BEGINNEN.«

– **Matthea Cathley**

SAV MALAGÁN

JEDI-PIRATIN

PRONOMEN: Sie/ihr
SPEZIES: Kyuzo
GRÖSSE: 1,65 m
ZUGEHÖRIGKEIT: Jedi-Orden, Maz' Bande
ERSTES AUFTRETEN: DHRA (PI)

Gelangweilt von Meditationslektionen und Lichtschwerttraining steht Padawan Sav Malagán der Sinn nach Abenteuer. Sie schleicht sich nachts vom Jedi-Tempel auf Takodana fort und geht zu Maz Kanatas Schloss, wo sie sich deren Bande bei aufregenden Unternehmungen anschließt. Neben einer Undercovermission erlebt sie hautnah die Schlacht von Jedha mit.

KAMPF GEGEN DIE NIHIL

Viele Jahre später ist Malagán Meisterin und die einzige Jedi, die den Tempel auf Takodana bewacht, als Krix Kamerat, Anführer einer Nihil-Zelle, angreift. Sie bleibt ruhig, schaltet die Nihil-Schiffe mit ihrem Doppelklingen-Lichtschwert aus und schlägt Krix zurück.

»WAS BRINGT ES, DIE MACHT NUTZEN ZU KÖNNEN … WENN MAN NICHT EIN WENIG UNRUHE DAMIT STIFTEN DARF?«

– Sav Malagán

GELLA NATTAI

WEGSUCHENDE JEDI-RITTERIN

PRONOMEN: Sie/ihr
SPEZIES: Mensch
GRÖSSE: 1,63 m
ZUGEHÖRIGKEIT: Jedi-Orden
ERSTES AUFTRETEN: DVs

Neugierig, intuitiv und manchmal impulsiv – Jedi-Ritterin Gella Nattai möchte ergründen, wo ihr Platz in der Galaxis ist. Beim Liefern medizinischer Güter gerät Gella in eine brüchige Waffenruhe zwischen den Planeten Eiram und E'ronoh. Nachdem sie geholfen hat, den Frieden zu bewahren, ersucht sie den Jedi-Rat, eine Wegsuchende zu werden, um ihrem eigenen Weg folgen zu können.

»KÄMPFE, BIS DU NICHT MEHR KÄMPFEN KANNST. FÜR LEBEN. FÜR LICHT. FÜR ALLE VON UNS.«

– Gella Nattai

DIE JEDI UND DER SCHURKE

Gella ist beeindruckt und frustriert wegen Axel Greylark, dem charmanten Sohn der Kanzlerin, der sich ihrer Mission auf Eiram anschließt. Trotz Axels Fehlern und selbstsüchtigen Verhaltens erkennt Gella sein Potenzial und will seine negative Einstellung gegenüber den Jedi ändern. Mit der Zeit sorgt sie sich, weil sie in seiner Gegenwart zunehmend impulsiv reagiert und sich mehr und mehr von ihren Gefühlen leiten lässt.

CREIGHTON SUN

BELASTETER JEDI-MEISTER

PRONOMEN: Er/ihn
SPEZIES: Mensch
GRÖSSE: 1,83 m
ZUGEHÖRIGKEIT: Jedi-Orden
ERSTES AUFTRETEN: DVs

Creighton Sun ist ein gelassener, erfahrener Jedi-Meister. Er kann etwas mürrisch wirken und zieht einsame Arbeit geselligen Treffen vor, meistert aber selbst die schwierigsten Konversationen. Creighton fliegt während der Krise mit dem Pfad der Offenen Hand nach Eiram und E'ronoh und dann nach Dalna.

FRIEDEN IN EINEM KRIEG

Creighton ist bei der Unterzeichnung des Eiram-E'ronoh-Friedensvertrags auf Jedha und versucht herauszufinden, wer diesen sabotieren will. Als eine Schlacht droht, setzt er sein Verhandlungsgeschick ein, um die Soldaten zu erinnern, dass sie bereits verloren haben, wenn sie zu Gewalt greifen. Später geraten Creighton und andere Jedi auf Dalna mit dem Pfad der Offenen Hand aneinander. Creighton kommt nur knapp mit dem Leben davon.

»DIE NEUE GENERATION WIRD DIE ALTE IN EINE BESSERE ZUKUNFT FÜHREN.«

– Creighton Sun

AIDA FORTE

OPTIMISTISCHE JEDI-RITTERIN

PRONOMEN: Sie/ihr
SPEZIES: Kadas'sa'Nikto
GRÖSSE: 1,68 m
ZUGEHÖRIGKEIT: Jedi-Orden
ERSTES AUFTRETEN: DVs

Aida Forte ist eine Jedi-Ritterin, die stark an die helle Seite der Macht glaubt. Sie ermutigt andere, darauf zu vertrauen, dass kommende Ereignisse sich zu ihren Gunsten entwickeln. Aida arbeitet oft mit Meister Creighton Sun zusammen und denkt positiv, wo er eher abgeklärt ist. Sie hegt die Hoffnung, dass die verfeindeten Planeten Eiram und E'ronoh eines Tages Frieden schließen werden.

LETZTE SCHLACHT

Aida stiehlt sich auf Dalna mit den Jedi Yaddle, Creighton und Cippa Tarko in die Anlage des Pfads der Offenen Hand. Sie und Creighton setzen sich zur Wehr, als der Pfad sie und die Einheimischen mit seinen Droiden angreift. Yaddle rettet Aida aus dem Gefecht, aber es ist zu spät – sie ist tödlich verwundet.

»KRIEG WIRFT EINEN LANGEN SCHATTEN.«

– Aida Forte

SILANDRA SHO

FRIEDLIEBENDE JEDI-MEISTERIN

PRONOMEN: Sie/ihr
SPEZIES: Mensch
GRÖSSE: 1,78 m
ZUGEHÖRIGKEIT: Jedi-Orden
ERSTES AUFTRETEN: DSndvS

Meisterin Silandra Sho versteht sich eher als Beschützerin denn als Kämpferin. Stets aufgeschlossen führt sie an der Grenze ein Aufklärerteam der Republik an. Die ruhige, fokussierte und umsichtige Silandra geht ganz in ihrer Rolle als Lehrerin von Padawan Rooper Nitani auf. Als diese später zur Jedi-Ritterin wird, schenkt sie Rooper ihren Schild.

DÜSTERE VORZEICHEN

Auf dem Mond Jedha bittet Jedi-Meister Creighton Sun Silandra, dem Anschlag bei der Unterzeichnung eines Friedensvertrags zwischen Eiram und E'ronoh nachzugehen. Als es zu weiterer Gewalt kommt, wird Silandra misstrauisch gegenüber der Mutter des Pfads der Offenen Hand. Auch ihr kurzer Kontakt mit einer mysteriösen Kreatur beunruhigt sie. Sie glaubt, diese habe ihre Verbindung zur Macht verändert.

»AUFKLÄRER SIND ÜBERAUS EINFALLSREICH. DAS LIEGT IN UNSERER NATUR.«

– Silandra Sho

ROOPER NITANI

ABENTEUERLUSTIGE JEDI-SCHÜLERIN

PRONOMEN: Sie/ihr
SPEZIES: Mensch
GRÖSSE: 1,57 m
ZUGEHÖRIGKEIT: Jedi-Orden
ERSTES AUFTRETEN: DSndvS

Padawan Rooper Nitani hat die seltene Gabe, die Macht in Form von Farben zu sehen. Mit ihrer Meisterin Silandra Sho ist sie Teil eines Aufklärerteams im Äußeren Rand. Rooper will sich Sho beweisen und beschützt bei ihrer Jedi-Prüfung auf Batuu eine seltene Salmaca-Kreatur. Sie ist erpicht darauf, die Galaxis zu erkunden und anderen zu helfen.

VERSCHIEDENE SICHTWEISEN

Rooper ist sehr von den Jedi überzeugt und hat großen Respekt vor dem Talent ihrer Meisterin, Konflikte friedlich beizulegen. Als sie unverhofft mit dem Entdecker Dass Leffbruk und Sky Graf an der Hyperraumjagd teilnimmt, ist sie überrascht, von den kontroversen Ansichten des Pfads der Offenen Hand über die Macht zu erfahren.

»ICH WILL DER MACHT DIENEN. HELFEN, LICHT IN DIE GALAXIS ZU BRINGEN, BESONDERS HIER DRAUSSEN.«

– **Rooper Nitani**

ROK BURAN

RAUER JEDI VON DER GRENZE

PRONOMEN: Er/ihn
SPEZIES: Mensch
GRÖSSE: 1,75 m
ZUGEHÖRIGKEIT: Jedi-Orden
ERSTES AUFTRETEN: DSndvS

Meister Rok Buran fühlt sich auf Grenzwelten wohler als auf Coruscant. Im Äußeren Rand gilt er als einer der erfahrensten Jedi. Rok und sein Aufklärerteam geraten auf Aubadas in Schwierigkeiten, als sie einem Hilferuf der heimischen Katikoot folgen. Das Team wird von Monstern angegriffen. Rok ist am Boden zerstört, als er seinen Padawan Maliq ebenso wie den Rest des Teams verliert und er der einzige Überlebende ist.

EIN NEUER PADAWAN

Bei einer anderen Mission strandet Rok erneut auf einem fernen Planeten, wo er mit Padawan Coron Solstus zusammenarbeitet und ihn ermutigt, das Jedi-Dasein an der Grenze als Abenteuer zu sehen. Als Corons Meisterin stirbt, nimmt Rok ihn als neuen Padawan an.

»ICH HABE MIT KNAPPER NOT ÜBERLEBT. UND DAS IST ALLES, WAS ICH SEITDEM GETAN HABE: ÜBERLEBEN.«

– Rok Buran

OLIVIAH ZEVERON

ENTSCHLOSSENE JEDI-RITTERIN

PRONOMEN: Sie/ihr
SPEZIES: Mensch
GRÖSSE: 1,63 m
ZUGEHÖRIGKEIT: Jedi-Orden, Konvent der Macht
ERSTES AUFTRETEN: DHR (PII)

Oliviah Zeveron ist Assistentin von Meisterin Leebon, die die Jedi im Konvent der Macht vertritt. Oliviah bleibt am liebsten für sich und verbringt allein Zeit in der Wüste Jedhas, um zu meditieren. Sie ist zunehmend frustriert ob der Politik im Konvent und bereut, sich für keinen Weg entschieden zu haben, der es ihr erlaubt hätte, die Galaxis zu bereisen.

FAMILIENTREFFEN

Oliviah fliegt mit Padawan Matty Cathley nach Dalna, um dem ominösen Gefühl nachzugehen, das sie in Gegenwart der Mutter des Pfads der Offenen Hand hatte. Als die beiden sich treffen, erinnert sich Oliviah an den Moment, als sie als Kind erwählt wurde, eine Jedi zu werden. Die Mutter, damals als Elecia Zeveron bekannt, ist die Schwester von Oliviah. Sie wurde von den Jedi abgelehnt.

»KEIN AHNUNG, WELCHER SPUR ICH HIER FOLGE ODER WO DIE MACHT MICH HINFÜHRT.« – **Oliviah Zeveron**

AZLIN RELL

BESORGTER JEDI-RITTER

PRONOMEN: Er/ihn
SPEZIES: Mensch
GRÖSSE: 1,70 m
ZUGEHÖRIGKEIT: Jedi-Orden
ERSTES AUFTRETEN: MH

Ritter Azlin Rell soll dem Verschwinden der Jedi Zallah Macri und Kevmo Zink nachgehen. Seine Mission führt ihn nach Dalna, wo ihm ein Namenloser zusetzt und düstere Visionen ihn plagen, die ihn schließlich übermannen. Das Erlebnis führt Azlin auf einen gefährlichen Pfad, um so viel wie möglich über die Namenlosen zu erfahren – nicht zuletzt, wie man sie vernichtet.

GEHEIMNISSE DER VERGANGENHEIT

Azlin ist zunehmend besessen, die von den Namenlosen verursachte Furcht zu ergründen. Er studiert obskure Lehren der dunklen Seite, die sein Leben widernatürlich verlängern. Dadurch lebt er noch 150 Jahre später, als Yoda ihn aufsucht. Der Jedi-Rat will Azlin wieder im Orden willkommen heißen, obschon es einige Bedenken gibt, wie sehr er tatsächlich von seinem Weg abgekommen ist.

»DIE HALLUZINATIONEN VERFOLGEN MICH NOCH.«

– Azlin Rell

YADDLE

MÄCHTIGE UND SCHARFSINNIGE JEDI

PRONOMEN: Sie/ihr
SPEZIES: Unbekannt
GRÖSSE: 61 cm
ZUGEHÖRIGKEIT: Jedi-Orden
ERSTES AUFTRETEN: AdS

Meisterin Yaddle sitzt im Jedi-Rat und weiß bestens, wie man Jünglinge unterrichtet. Sie hält nichts von bedingungslosem Optimismus und ermuntert neue Schüler stattdessen dazu, vielmehr zu akzeptieren, was die Macht ihnen bringt. Yaddle steht ihnen im Jedi-Tempel mit Geduld und Hingabe zur Seite und hält so manchen Rat für sie bereit. Als die junge Vernestra Rwoh in den Tempel kommt, erteilt Yaddle ihr ihre erste Lektion: Sie soll auf ihren Instinkt vertrauen.

»ICH KÄMPFE NICHT, SOLANGE ES NICHT ABSOLUT NOTWENDIG IST.« – Yaddle

SCHLAGABTAUSCH AUF DALNA

Obwohl sie nicht offiziell dorthin entsandt wurde, fliegt Yaddle nach Dalna, um beim Kampf gegen den Pfad der Offenen Hand zu helfen. Yaddle kämpft nur, wenn es nicht anders geht, aber sie und andere im Orden wie Aida Forte und Yoda bilden eine starke Jedi-Front gegen den Kult. Yaddle drängt den Pfad zurück, indem sie Blastersalven abwehrt und Gegner mithilfe der Macht in die Luft befördert, was den anderen Jedi dringend benötigte Zeit verschafft. Sie leitet auch Jüngling Cippa Tarko im Kampf an.

CHAR-RYL-ROY

VERLÄSSLICHER JEDI-MEISTER

PRONOMEN: Er/ihn
SPEZIES: Cereaner
GRÖSSE: 1,98 m
ZUGEHÖRIGKEIT: Jedi-Orden
ERSTES AUFTRETEN: DVs

Meister Char-Ryl-Roy ist ein guter Zuhörer und versucht, Situationen nicht nur von einer Seite her zu betrachten. So trifft er rationale Entscheidungen, ist aber dafür bekannt, sich mitunter zu viele Gedanken zu machen. Er bildet Padawan Enya Keen aus, doch manche Lektionen frustrieren sie – zum Beispiel, wenn er ihr die falschen Droidenersatzteile gibt, um ihr die Grenzen des Machbaren aufzuzeigen.

SHOWDOWN AUF DALNA

Zusammen mit Enya und Prinzessin Xiri A'lbaran von E'ronoh versucht Char-Ryl-Roy, auf Dalna mit dem Pfad der Offenen Hand zu verhandeln. Doch in der Anlage des Pfads kommt es zum Konflikt und er und Enya benötigen republikanische Unterstützung. Am Ende verliert Char-Ryl-Roy sein Leben an den als Gleichmacher bekannten Namenlosen.

»ALLE JEDI ZU MIR!«

– Char-Ryl-Roy

ENYA KEEN

NEUGIERIGE PADAWANSCHÜLERIN

PRONOMEN: Sie/ihr
SPEZIES: Mensch
GRÖSSE: 1,68 m
ZUGEHÖRIGKEIT: Jedi-Orden
ERSTES AUFTRETEN: DVs

Enya Keen ist eine eigensinnige Jedi. Sie lernt unter Meister Char-Ryl-Roy und sieht die Macht als wehenden Wind. Enya hat Talent für das Bauen und Reparieren von Droiden und ist meist damit beschäftigt, an etwas Mechanischem herumzubasteln. Ihr Wunsch, Droiden zu reparieren, hat auch etwas Emotionales – ihr Herz schlägt für leidende Wesen. Enya glaubt fest an die Mission von Jedi und Republik, den Frieden in der Galaxis voranzutreiben, und ist voll und ganz dabei, als Yoda sie zu den im Krieg befindlichen Planeten Eiram und E'ronoh entsenden will.

DIE SCHLACHT VON DALNA
Enya und Char-Ryl-Roy kämpfen auf Dalna gegen den Pfad der Offenen Hand. Nach dem Tod ihres Meisters nimmt Enya im Gedenken an ihn den Kyberkristall aus seinem Lichtschwert und baut sich ein zweites Schwert.

»EIN JEDI IST NIE VERLOREN.«

– Enya Keen

CIPPA TARKO

PRONOMEN: Sie/ihr
SPEZIES: Arkanianerin
GRÖSSE: 69 cm
ZUGEHÖRIGKEIT: Jedi-Orden
ERSTES AUFTRETEN: DVn

Das machtsensitive Kind Cippa Tarko wird von Jedi-Meisterin Yaddle entdeckt. Aber statt sie in den Tempel auf Coruscant zu bringen, nimmt Yaddle sie mit nach Dalna, wo die Jedi gegen den Pfad der Offenen Hand kämpfen. Cippa hat wenig Angst. Sie ist ungeduldig, selbstbewusst und weiß um ihre Stärke in der Macht. Spielend überwältigt sie die Wachen der Republik, die sie vom Kampf fernhalten sollen und stürzt sich mitten hinein. Cippa macht den Blaster eines Anhängers des Pfads unschädlich, wird aber selbst verletzt. Wache Priv Ittik schreitet ein, um sie zu beschützen.

»ICH HABE DIESEN BLASTER ZERSTÖRT, BEVOR WIR GINGEN. DIESE WAFFE WIRD NIE WIEDER EIN KIND WIE ICH BENUTZEN.«

– Cippa Tarko, nachdem sie jemandem vom Pfad den Blaster nahm

ELA SUTAN

PRONOMEN: Sie/ihr
SPEZIES: Caamasi
GRÖSSE: 1,75 m
ZUGEHÖRIGKEIT: Jedi-Orden
ERSTES AUFTRETEN: SW: Y

Ela Sutan sitzt im Jedi-Rat. Sie ist eines der älteren Mitglieder und erhielt ihren Sitz sogar noch vor Meister Pra-Tre Veter. Sutan arbeitet regelmäßig mit ihm zusammen, ist aber oft anderer Meinung. Sie fürchtet, dass der Rat mitunter die grundlegende Überzeugung der Jedi aus den Augen verliert, dass jegliches Leben kostbar ist. Als die Scalvi vom Planeten Turrak einen Hilferuf senden, fragt sich Pra-Tre, ob die Jedi darauf reagieren sollen. Sutan hebt die Bedeutung der Botschaft der Scalvi hervor und meint, dass es für den Rat nichts Wichtigeres gebe, als Leuten in Not zu helfen.

»ALLES LEBEN LEUCHTET.«

– Ela Sutan

XINITH TARL

PRONOMEN: Sie/ihr
SPEZIES: Bith
GRÖSSE: 1,80 m
ZUGEHÖRIGKEIT: Jedi-Orden
ERSTES AUFTRETEN: DSvJ

Als Mitglied des Jedi-Rats befindet sich Xinith Tarl im Epizentrum einer wachsenden Republik. Tarl ist stets schnell dabei, wenn es gilt, andere Jedi zu unterstützen. Nach Erhalt eines Notrufs von Creighton Sun, willigt sie ein, Hilfe nach Jedha zu entsenden. Sie steht auch Rok Buran zur Seite, dem sie rät, sich nicht die Schuld am Verlust seines Padawans Maliq zu geben und sich stattdessen Zeit zur Einkehr zu nehmen. Tarl hat die seltene Gabe, in Krisenzeiten ruhig zu bleiben. Schwer verwundet an Bord des Aufklärerschiffs *Witherbloom* auf einem abgelegenen Planeten, weigert sie sich, die Hoffnung zu verlieren.

Bith sind für ihr exzellentes Gehör bekannt.

»HIER IST DAS AUFKLÄRERSCHIFF DER REPUBLIK *WITHERBLOOM*. KÖNNEN WIR HELFEN?«

– **Xinith Tarl**

RAVNA ABRONSA

PRONOMEN: Sie/ihr
SPEZIES: Mensch
GRÖSSE: 1,57 m
ZUGEHÖRIGKEIT: Jedi-Orden
ERSTES AUFTRETEN: ARdG: P

Jedi-Meisterin Ravna Abronsa denkt genau nach, bevor sie sich in den Kampf stürzt. Sie weiß, dass in Zeiten des Konflikts oft Geduld und Präzision wichtiger sind als rohe Gewalt. Ihren früheren Padawan Arkoff hält sie in der Schlacht von Dalna zu ebensolchem Vorgehen an. Als sie Jedi-Ritter Azlin Rell zu Hilfe eilen, der von Kämpfern des Pfads der Offenen Hand angegriffen wird, befiehlt Abronsa Azlin und Arkoff den Rückzug und rettet ihnen das Leben. Als Abronsa eine Erschütterung der Macht wahrnimmt, geht sie dieser nach, wird aber trotz ihrer umsichtigen Art von einem Namenlosen getötet.

Oft in Zeiten der Einkehr getragene Kapuze

KEVMO ZINK

PRONOMEN: Er/ihn
SPEZIES: Pantoraner
GRÖSSE: 1,78 m
ZUGEHÖRIGKEIT: Jedi-Orden
ERSTES AUFTRETEN: DPdT

Als der enthusiastische Jedi Kevmo Zink auf Marda Ro trifft, eine Angehörige des Pfads der Offenen Hand, verlieben sich die beiden trotz gegensätzlicher Ansichten zur Macht. Kevmo hilft Marda, andere Pfadmitglieder vor einer Flut zu retten, und überlegt, zu bleiben und sich ein Leben mit ihr aufzubauen. Doch letztlich sagt er ihr, dass sie nicht zusammen sein können, weil die Jedi solche Bindungen nicht dulden. Später verdächtigen Kevmo und seine Meisterin Zallah Macri die Anführerin des Kults, die »Mutter«, Machtartefakte zu stehlen. Als sie dem nachgehen, stellen sich ihnen die Mutter und die Nummer zwei im Pfad, der Herold, entgegen und ein Namenloser wird entfesselt.

»DIE MACHT IST KEIN NULLSUMMENSPIEL.«

– Kevmo Zink

ZALLAH MACRI

PRONOMEN: Sie/ihr
SPEZIES: Soikanerin
GRÖSSE: 1,80 m
ZUGEHÖRIGKEIT: Jedi-Orden
ERSTES AUFTRETEN: DPdT

Die würdevolle und wenig kontaktfreudige Zallah Macri ist in vielerlei Hinsicht das genaue Gegenteil ihres Padawans Kevmo Zink. Sie sollen gemeinsam ein gestohlenes Artefakt suchen und Gerüchte führen sie zum Planeten Dalna. Zallah stellt vorsichtig Nachforschungen zum dort ansässigen Pfad der Offenen Hand an und warnt Kevmo, sich nicht zu stark zu binden, als dieser die Nähe zu Pfadmitglied Marda Ro sucht. Zallah und Kevmo stellen sich der Anführerin der Gruppe, der »Mutter«, aber Zallahs Machtkräfte reichen gegen die von der Mutter kontrollierte Kreatur nicht aus.

»MIT FANATIKERN KANNST DU NICHT DISKUTIEREN.«

– Zallah Macri

BARNABAS VIM

PRONOMEN: Er/ihn
SPEZIES: Mensch
GRÖSSE: 1,78 m
ZUGEHÖRIGKEIT: Jedi-Orden
ERSTES AUFTRETEN: DHRA: DSdJ

Jedi-Meister Barnabas Vim ist ein weiser Mystiker, der von manchen als Einzelgänger angesehen wird. In Meditation versunken wirkt er mitunter, als würde er nur schlafen, aber die Weisheit des träumenden Geistes könne Geheimnisse offenbaren, die dem bewussten Ich verborgen bleiben, wie er seiner Schülerin Vix Fonnick sagt. Vim und Fonnick fliegen zum Planeten Angcord, wo sie die Natur des Echosteins ergründen, ein von der Macht erfülltes Objekt. Beim Meditieren hat Vim eine Vision, die zeigt, dass die dunkle Seite des Steins dem Planeten Leben entzieht. Er schwört, der Herkunft des Steins nachzugehen.

VIX FONNICK

PRONOMEN: Sie/ihr
SPEZIES: Twi'lek
GRÖSSE: 1,68 m
ZUGEHÖRIGKEIT: Jedi-Orden
ERSTES AUFTRETEN: DHRA: DSdJ

Vix Fonnick lernt noch, in die Fußstapfen von Meister Barnabas Vim zu treten. Manchmal handelt sie ohne zu denken und ist äußerst neugierig und aufgeweckt – und dabei schon fast zu ungeduldig. Fonnick ist schneller zum Kämpfen bereit als ihr Meister und lernt noch, ihre Gefühle zu beherrschen. Bei ihrer Mission auf Angcord will sie Vim vor der königlichen Garde, den Pilgerkriegern, beschützen, aber er sagt ihr, sie solle sich zurückhalten. Ihr schnelles Reagieren kommt ihr jedoch in anderen Fällen zugute. So zerschlägt sie behände den Echostein und setzt dessen dunklem Einfluss ein Ende, bevor er zu viel Schaden anrichtet.

»'DER LEGENDE NACH?' WARUM HABEN WIR NICHT EINFACH VORHER NACHGEFRAGT?«

– **Vix Fonnick**

SULA BADANI

PRONOMEN: Sie/ihr
SPEZIES: Mensch
GRÖSSE: 1,65 m
ZUGEHÖRIGKEIT: Jedi-Orden
ERSTES AUFTRETEN: DHRA: DnS

Jedi-Meisterin Sula Badani und ihr Padawan Coron Solstus fliegen mit dem Aufklärerschiff *Witherbloom*. Sie zeigt sich geduldig mit Coron und hilft ihm mit seiner Angst, als sie auf einem fernen Planeten abstürzen. Als sie mehrere Mitglieder des Pfads der Offenen Hand abgewehrt haben, die auch dort gestrandet sind, wird Badani fast von den Namenlosen überwältigt, die diese mitführen, und opfert sich später für ihr Team.

CORON SOLSTUS

PRONOMEN: Er/ihn
SPEZIES: Mensch
GRÖSSE: 1,68 m
ZUGEHÖRIGKEIT: Jedi-Orden
ERSTES AUFTRETEN: DHRA: DnS

Der eifrige Padawan Coron Solstus ist mit seiner Meisterin Sula Badani Teil eines Aufklärerteams. Corons Kampffähigkeiten werden auf die Probe gestellt, als ihr Schiff und eines des Pfads der Offenen Hand zusammen abstürzen. Meister Rok Buran und Coron erkunden das Schiff des Pfads, um den Insassen zu helfen, werden aber von den Namenlosen an Bord überwältigt. Meisterin Badani hilft ihnen zu entkommen.

ORIN DARHGA

PRONOMEN: Er/ihn
SPEZIES: Mensch
GRÖSSE: 1,73 m
ZUGEHÖRIGKEIT: Jedi-Orden
ERSTES AUFTRETEN: DVn

Jedi-Meister Orin Darhga ist ein Optimist, selbst wenn die Lage noch so ernst ist. Als Jedi-Ritterin Gella Nattai und er Axel Greylark und den Pfad der Offenen Hand verfolgen, macht Darhga abwechselnd Gella Mut und erzählt Witze. Wie Gella ist Darhga sehr intuitiv und kann spüren, wenn andere lügen – sogar wenn diese sich selbst etwas vormachen.

»SELBST JEDI MIT REINER SEELE UND REINEM HERZEN BRAUCHEN FÜHRUNG.«

– Orin Darhga

HAR'KIN

PRONOMEN: Er/ihn
SPEZIES: Gran
GRÖSSE: 1,75 m
ZUGEHÖRIGKEIT: Jedi-Orden
ERSTES AUFTRETEN: DSvJ

Jedi-Meister Har'kin trifft gegen Ende der Schlacht von Jedha ein. Er berichtet, dass republikanische Truppen umgehend einen Hilfseinsatz in der Stadt starten werden. Zudem besteht er darauf, dass die Jedi Creighton Sun und Aida Forte sich von ihren grauenhaften Erlebnissen erholen.

»IHR BRAUCHT ZEIT ZUM MEDITIEREN. UM MIT DER MACHT ZWIESPRACHE ZU HALTEN. UM ZU VERARBEITEN, WAS IHR ERLEBT HABT.«

– Har'kin

HELION VOLTE

PRONOMEN: Xier/xiem
SPEZIES: Mikkianer
GRÖSSE: 1,83 m

ZUGEHÖRIGKEIT: Jedi-Orden, Galaktische Republik
ERSTES AUFTRETEN: DHR: DK

Helion Volte führt das Aufklärerteam 807 an, das das Kom-Netzwerk der Republik ausbauen will. Volte ist herausragend im Duellieren mit dem Lichtschwert, hat aber im Trainingsduell keine Chance gegen den Jedi Porter Engle, der Passagier ihres Schiffs ist.

BENJ MARKO

PRONOMEN: Er/ihn
SPEZIES: Mensch
GRÖSSE: 1,68 m

ZUGEHÖRIGKEIT: Jedi-Orden, Galaktische Republik
ERSTES AUFTRETEN: DHR: DK

Benj Marko trainiert mit Helion Volte auf ihren Reisen als Teil eines republikanischen Aufklärerteams. Ihre Hauptaufgabe ist es, neue Kommunikationsknoten einzurichten. Benj beobachtet Volte und Porter Engle beim Duell und beschwert sich, als Volte sagt, er sei noch nicht gut genug, um sich selbst mit ihnen zu messen.

LEE HARRO

PRONOMEN: Er/ihn
SPEZIES: Mensch
GRÖSSE: 1,70 m

ZUGEHÖRIGKEIT: Jedi-Orden
ERSTES AUFTRETEN: GadE: LR

Lee Harro ist ein gelassener Jedi, der sich durch seine entspannte Art bestens für die Grenzerkundung eignet. Manchmal mag er abwesend und unkonzentriert wirken, aber er ist zutiefst im Reinen mit sich und lässt die Dinge auf sich zukommen. An Bord eines Piratenschiffs erlebt er ein Abenteuer mit Hyperraumprospektorin Saretha von Beel, ehe er sich mit ihr nach Vexos aufmacht.

KAKTORF

PRONOMEN: Er/ihn
SPEZIES: Unbekannt
GRÖSSE: 1,98 m

ZUGEHÖRIGKEIT: Jedi-Orden
ERSTES AUFTRETEN: DHRA (PII)

Kaktorf bildet im Tempel auf Takodana Padawan Sav Malagán aus. Er ist streng, untersagt es Sav, zu später Stunde noch draußen zu sein, und schimpft mit ihr, als sie mit Maz und ihrer Bande verschwindet. Malagán erachtet Kaktorf als weisen, jedoch mitunter kleinlichen Meister.

»ICH VERSTEHE NOCH IMMER NICHT, WAS DU ZU SO SPÄTER STUNDE ÜBERHAUPT NOCH DRAUSSEN ZU SUCHEN HATTEST, PADAWAN!«

– **Kaktorf**

LEEBON

ABGEORDNETE DER JEDI IM KONVENT

PRONOMEN: Sie/ihr
SPEZIES: Selonianerin
GRÖSSE: 1,75 m
ZUGEHÖRIGKEIT: Jedi-Orden, Konvent der Macht
ERSTES AUFTRETEN: DHR (PII)

Jedi-Meisterin Leebon vertritt den Jedi-Orden im Konvent der Macht auf Jedha. Unterstützt von ihrer Schülerin Matthea Cathley und ihrer Assistentin Oliviah Zeveron arbeitet Leebon mit anderen Mitgliedern des Gremiums daran, eine gemeinsame Basis zu finden. Leebon ist allzu bewusst, dass sie sich in ihrer Rolle am Konsens der Gruppe zu orientieren und nicht in lokale Angelegenheiten einzumischen hat.

STARKE ÜBERZEUGUNG

Nach einem Anschlag auf den Kybertempel hält Leebon die anderen Jedi und Mitglieder des Konvents dazu an, Ruhe zu bewahren, sagt aber auch klar ihre Meinung. So verwehrt sie sich vehement gegen die Behauptung des Herolds vom Pfad der Offenen Hand, dass das Nutzen der Macht anderen schade.

»BEI ALLEM RESPEKT, HEROLD, SO FUNKTIONIERT DIE MACHT NICHT.«

– Leebon

ADY SUN'ZEE

MIRIALANISCHE JEDI-RITTERIN

PRONOMEN: Sie/ihr
SPEZIES: Mirialanerin
GRÖSSE: 1,73 m
ZUGEHÖRIGKEIT: Jedi-Orden
ERSTES AUFTRETEN: TfGE

Als Padawan studiert Ady Sun'Zee mit ihrer Meisterin Sylwin in einem Forschungsaußenposten der Jedi auf Batuu antike Artefakte. Eines ist von der dunklen Seite erfüllt und überwältigt die beiden. Ady wehrt sich gegen den korrumpierenden Einfluss, bis Hilfe in Gestalt von Jedi-Meister Yoda eintrifft. Gemeinsam schließen sie das gefährliche Objekt weg. Yoda ist beeindruckt von Adys Mut, die letztlich zur Jedi-Ritterin aufsteigt. Nooa wird ihre Schülerin.

DER KREIS SCHLIESST SICH

Ady vergisst Meisterin Sylwin nie und setzt deren Kyberkristall in ihr Lichtschwert ein. Als sie die Zeit gekommen sieht, begibt sie sich mit Nooa nach Valron, ein Ort, den Ady und Sylwin einst zusammen besuchten, und gibt den Kristall zurück.

»NICHT JEDE HERAUSFORDERUNG IST EIN GEGNER, PADAWAN.«

– **Ady Sun'Zee**

YODA

LEGENDÄRER GROSSMEISTER

PRONOMEN: Er/ihn
SPEZIES: Unbekannt
GRÖSSE: 66 cm
ZUGEHÖRIGKEIT: Jedi-Orden
ERSTES AUFTRETEN: DLdJ

Großmeister Yoda hat mit der ihm eigenen verschmitzten und geheimnisvollen Art über Hunderte von Jahren junge Jedi ausgebildet. Er sagt selten direkt, was er denkt, und gibt Schülern lieber hilfreiche Hinweise, sodass sie eigene Erfahrungen machen und aus Fehlern das Erwünschte lernen können.

EINE WICHTIGE LEKTION

Yoda geht manchmal für längere Zeit auf Mission. Als ihn ein Hilferuf vom Planeten Turrak ereilt, verbringt er Monate dort, obwohl die anderen Ratsmitglieder möchten, dass er zurückkehrt. Die Scalvi von Turrak werden von den Crulkon angegriffen. Yoda zeigt den Scalvi, wie sie sich verteidigen können, und rät ihnen, nicht selbst zu Aggressoren zu werden.

Als Test, wie der junge Scalvi Bree auf Gewalt reagiert, lässt Yoda sich gefangen nehmen, doch Bree tötet einen Crulkon und versagt. Yoda verlässt Turrak für eine Scalvi-Generation und kehrt zurück, als Bree erwachsen ist. Der versteht diesmal, was Yoda ihm Jahre zuvor zeigen wollte: Die Crulkon haben gehungert und waren verzweifelt. Bree schließt Frieden, und Yoda bittet die Jedi, ein Team zu schicken, das ergründet, wieso die Fische verschwanden, die die Lebensgrundlage der Crulkon waren.

WEISER MENTOR

Yoda sitzt auch 150 Jahre später noch im Rat. Im Laufe der Zeit hat er viele Jedi ausgebildet, darunter seinen Padawan Kantam Sy, mit diem er sich oft Übungsduelle liefert. Als Kantam erwägt, den Orden zu verlassen, um sich ein Leben mit einem Partner aufzubauen, hat Yoda ein offenes Ohr und lässt xien ziehen. Jahre später nimmt er Kantam wieder im Orden auf und erhebt xien in den Rang eines Jedi-Ritters.

LEBENSLANGER DIENST

Yoda nimmt sich eine Auszeit von Coruscant, um an Bord des Ausbildungskreuzers *Star Hopper* Jünglinge zu unterweisen. Das Schiff verlässt seinen üblichen Kurs, um einem Hilferuf im Trymant-System nachzugehen. Dort trifft Yoda auf Marchion Ro und die Nihil. Er gewinnt auch das machtsensitive Mädchen Zeen Mrala dafür, den Jedi an Bord der Starlight-Station zu helfen. Später begegnet er Tromak, einem Ältesten des Pfads der Offenen Hand, der dabei war, als der Kult letztlich fiel.

ALTE GEHEIMNISSE

Yoda steht neben Großmeister Pra-Tre Veter, als sie Jedi-Meisterin Avar Kriss den Posten der Marschallin der Starlight-Station anbieten. Vor dem Untergang der Raumstation begibt Yoda sich auf eine weitere geheimnisvolle Reise, auf der er mehr über die Vergangenheit erfahren will, um Personen in der Gegenwart zu retten.

YODAS RÜCKKEHR

Als die Nihil Corellia angreifen, kämpft Yoda an der Seite von Kantam Sy, Reath Silas, Zeen Mrala, Cohmac Vitus und Ram Jomaram. Danach erheben er, Cohmac und Kantam Reath in den Rang eines Jedi-Ritters. Als Cohmac erklärt, den Orden verlassen zu wollen, lässt Yoda ihn mit einem Nicken ziehen.

> »DIENE DEM LICHT.
> DIENE DEM LEBEN.«
>
> – Yoda

KEEVE TRENNIS

TAPFERE JEDI-RITTERIN

PRONOMEN: Sie/ihr
SPEZIES: Mensch
GRÖSSE: 1,68 m
ZUGEHÖRIGKEIT: Jedi-Orden
ERSTES AUFTRETEN: DB

Nicht alles läuft für die leidenschaftliche und entschlossene Jedi Keeve Trennis wie geplant, aber auch in brenzliger Lage findet sie stets einen Weg. Manchmal hat Keeve Selbstzweifel, doch sie ist eine geborene Anführerin und ihren Jedi-Freunden treu ergeben. Sie spürt, wenn etwas nicht stimmt, tut alles dafür, jene in Not zu beschützen, und findet immer wieder einzigartige Lösungen, um Konflikte beizulegen.

JEDI-PRÜFUNGEN

Keeves Prüfungen verlaufen nicht wie erwartet. Sie soll einen tythonianischen Anhänger beschaffen, als ein Schwarm zerstörerischer Weltraumheuschrecken auftaucht. Schnell passt sie sich an und hilft, diese auf ihren ursprünglichen Pfad durchs All zurückzuführen. Keeves clevere Ideen verhindern, dass die Heuschrecken mehr Schaden anrichten, und zeigen, dass sie bereit ist, eine Ritterin zu sein.

GEDANKENSPIELE

Als Jedi-Ritterin nimmt Keeve große Risiken in Kauf, um andere vor den fleischfressenden Drengir zu schützen. Auf Sedri Minor merkt sie, dass ihr alter Meister Sskeer unter dem Einfluss der Pflanzenwesen steht. Mithilfe ihrer Gedanken gebietet Keeve den Drengir Einhalt und dringt gar zu Sskeer in deren Wurzelhirn vor. Sie hilft den Jedi, die Große Stammmutter der Drengir auf Mulita zu finden. Um zu ergründen, wie man sie ein für alle Mal aufhalten kann, lässt Keeve sich auf das Risiko ein, sich selbst von den Drengir infizieren zu lassen.

»NICHT HEUTE. NICHT SOLANGE UNSERE SCHWERTER BRENNEN.«

– **Keeve Trennis**

NIE KLEIN BEIGEBEN

Keeve bewundert die Jedi auf der Starlight, scheut sich aber nicht vor Diskussionen mit ihnen, um ihre Sicht der Dinge darzulegen, oder gar Anordnung zu missachten. Keeve will nicht glauben, dass Sskeer keinen Nutzen mehr für die Jedi hat, auch nicht, als sie von seinem ernsten Zustand erfährt. Als sie im Niemandsraum sieht, dass Avar Kriss' Streben nach Rache an Lourna Dee und den Nihil deren Urteilsvermögen trübt, widersetzt sie sich ihr. Keeve hilft, Kriss zurück ins Licht zu führen, und erinnert sie, dass Gnade eine Stärke der Jedi ist, keine Schwäche. Keeves Mut und Treue zu ihren Freunden lassen sie schnell zur angesehenen Jedi-Ritterin werden, zu der andere aufsehen können.

STELLAN GIOS

DER LEITSTERN DER JEDI

PRONOMEN: Er/ihn
SPEZIES: Mensch
GRÖSSE: 1,80 m

ZUGEHÖRIGKEIT: Jedi-Orden
ERSTES AUFTRETEN: DLdJ

Meister Stellan Gios ist von den Traditionen des Jedi-Ordens absolut überzeugt. Er sitzt im Hohen Rat und spielt eine tragende Rolle in den unsicheren Zeiten nach den Nihil-Angriffen. Zusammen mit seinen Freunden Avar Kriss und Elzar Mann ist Stellan einer der führenden Jedi-Meister seiner Generation. Sich und die beiden sieht er wie drei Sterne eines Sternbilds.

AUFSTIEG

Stellan ist ein versierter Jedi. Doch anders als Avar und Elzar müht er sich während seiner Ausbildung mitunter. Als Padawan unter Meisterin Rana Kant war Stellan nicht immer so gläubig und geriet mit seinen Freunden oft in Schwierigkeiten. Als Jedi-Meister freundet sich Stellan mit der talentierten Padawanschülerin Vernestra Rwoh an und bildet sie aus.

SCHUTZSCHILD

Bei der Großen Katastrophe schützt Stellan die Bewohner Ta'klahs vor Trümmern aus dem All. Er springt aus seinem fliegenden Vektorjäger, um ein Kind mithilfe der Macht abzuschirmen, und weist alle an, sich in Sicherheit zu bringen. Kurz danach wird er in den Jedi-Rat berufen.

MESSE-SORGEN

Stellan hilft, die Jedi-Delegation zur Republik-Schau auf Valo zu organisieren, wo ihm der Schutz von Kanzlerin Lina Soh obliegt. Auf der Messe bekommt er es mit Ex-Jedi Ty Yorrick zu tun, die von jemandem angeheuert wurde, der ein Gerät verkaufen will, das Lichtschwerter unbrauchbar macht. Im Duell tötet Ty ihn fast.

»KEIN JEDI IST JE ALLEIN. WIR SIND IN DER MACHT VEREINT.«

– Stellan Gios

Beim Angriff der Nihil auf die Republik-Schau versucht Stellan später, Soh und andere in Sicherheit zu bringen. Er zeigt, dass die Macht nur zur Verteidigung genutzt werden sollte, indem er Giftgas der Nihil forttreibt und andere abschirmt, ohne selbst zurückzuschlagen.

TREUER FREUND

Stellan ist aufgeschlossen, fürsorglich und hört vorurteilsfrei zu. Als Elzar ihm gesteht, dass er Kontakt zur dunklen Seite hatte, beruhigt Stellan seinen Freund und schlägt vor, dass sie sich zur Meditation nach Jedha begeben, damit Elzar der hellen Seite treu bleibt.

HEHRES ENDE

Stellan dient temporär als Marschall der Starlight-Station, Symbol der Präsenz der Republik im Äußeren Rand. Als diese auf den Planeten Eiram zustürzt, bleibt er an Bord, um die Navigationskontrollen zu bedienen und die Station von einer belebten Stadt wegzulenken. Die Starlight stürzt mit Stellan ins Meer. Doch sein Handeln rettet Tausenden das Leben.

AVAR KRISS

MARSCHALLIN DER STARLIGHT-STATION

PRONOMEN: Sie/ihr
SPEZIES: Mensch
GRÖSSE: 1,73 m
ZUGEHÖRIGKEIT: Jedi-Orden
ERSTES AUFTRETEN: DLdJ

Die dem Orden zutiefst ergebene Avar Kriss ist eine der mächtigsten und angesehensten Jedi-Meisterinnen ihrer Zeit. Mit ihren Freunden Stellan Gios und Elzar Mann wurde Avar im Tempel auf Coruscant groß und stieg schnell im Orden auf. Jedi werden ermutigt, sich auf ihre Art mit der Macht zu verbinden. Für Avar ist sie wie Musik und sie und andere Jedi sind ein großer Chor. Viele sehen zu ihr auf und mit ihrer Führung und Empathie trägt sie dazu bei, den Orden zu prägen.

DIE GROSSE KATASTROPHE

Avars Führungsstärke rettet vielen das Leben, als es die *Legacy Run* im Hyperraum zerreißt und die austretenden Trümmerteile die Welten des Hetzal-Systems gefährden. Avar koordiniert die zu Hilfe eilenden Jedi, indem sie sie durch die Macht miteinander verbindet. Sie rettet Flüchtlinge und verhindert, dass ein Frachtschiff mit entzündlichem Tibanna-Gas explodiert.

Diese Große Katastrophe ist der erste Konflikt zwischen Jedi und Nihil und führt letztlich zu einer erbitterten Rivalität zwischen Avar und der hochrangigen Nihil Lourna Dee. Zudem tragen die Ereignisse dazu bei, dass Avar Marschallin der Starlight-Station wird, die im Äußeren Rand als Symbol der Hoffnung weitere Systeme in den Schoß der Republik führen soll.

KONFRONTATION MIT DEN DRENGIR

Bei einer der ersten Konfrontationen der Jedi mit den fleischfressenden Drengir ergreift der in deren Einfluss stehende Jedi-Meister Sskeer Avar auf Sedri Minor. Avar entkommt knapp – zusammen mit der Jedi Keeve Trennis und dem der Kontrolle der Drengir entrissenen Sskeer. Die Hutts haben ihr eigenes Interesse an Sedri Minor und willigen – in einem seltenen Anflug von Diplomatie – ein, mit Avar und den Jedi zu kämpfen. Letztlich stoßen sie auf die Große Stammmutter der Drengir, die über ihr Wurzelhirn mit den anderen verbunden ist, und sie nehmen sie für weitere Studien gefangen.

DAS LICHT DER JEDI

Avars mitfühlende und optimistische Art trifft manchmal auf ein Pflichtgefühl, das sie antreibt weiterzukämpfen, egal wie die Chancen stehen.

»DAS LIED DER MACHT WIRD UNS ERHEBEN.«

– Avar Kriss

Ihr Fokus auf die Jagd nach Lourna Dee, die sie für die Anführerin der Nihil hält, lässt andere Jedi sich sorgen, dass Avar dies zu persönlich nimmt. Beim Untergang der Starlight scheitert Avar, den Jedi Estala Maru zu retten, was sie mit starken Schuldgefühlen ob des Verlusts der Station und der Personen an Bord zurücklässt.

ELZAR MANN

EINNEHMENDER EINZELGÄNGER

PRONOMEN: Er/ihn
SPEZIES: Mensch
GRÖSSE: 1,80 m
ZUGEHÖRIGKEIT: Jedi-Orden
ERSTES AUFTRETEN: DLdJ

Der Jedi Elzar Mann testet fortwährend Grenzen aus. Für ihn ist die Macht ein tiefes, düsteres Meer, und manchmal verlangt es ihn hineinzuspringen. Er meditiert auch oft im Wasser. Dass Elzar um jeden Preis Probleme lösen und mit der Macht experimentieren will, hebt ihn von anderen Jedi ab. Obwohl er sich dem Orden verpflichtet fühlt, ringt Elzar damit, Gleichgewicht in der Macht zu finden, und lässt sich mitunter von Gefühlen leiten.

Elzar reflektiert seine Taten gewissenhaft und geht hart mit sich ins Gericht, wenn er Fehler macht. Er beschreitet einen holprigen Pfad, strebt aber stets nach dem rechten Gleichgewicht.

KRISENTEAM

Elzar lernt unter Jedi-Meister Roland Quarry und freundet sich mit Avar Kriss und Stellan Gios an. Als Padawane kommen sich Elzar und Avar näher, achten aber die Jedi-Regel, die enge Bindungen untersagt. Bei der Großen Katastrophe bei Hetzal kämpfen Elzar, Avar und Stellan Seite an Seite. Mit dem Analysten Keven Tarr retten Elzar und Avar vielen mit einem Netzwerk von Droidenprozessoren das Leben, das berechnet, wo gefährliche Trümmer aus dem Hyperraum austreten könnten.

DUNKLE WOLKEN

Als die Nihil die Republik-Schau auf Valo angreifen, nutzt Elzar die dunkle Seite, um die schwebenden Pavillons auf die Piratenflotte zu schleudern. Danach gesteht er Stellan sein Scheitern. Statt ihn zu kritisieren, zeigt sein Freund Mitgefühl und schlägt eine Auszeit auf dem Mond Jedha vor, um mit der Macht

»DU MUSST DIE DUNKELHEIT VERSTEHEN, WENN DU SIE KONTROLLIEREN WILLST.«

– Elzar Mann

Zwiesprache zu halten. Später trainiert Elzar mit der Wegsuchenden Orla Jareni. Sie hilft ihm, sein Gleichgewicht in der Macht zu finden, indem sie ihm zeigt, wie man auf die Macht hört, sich aber nicht von ihr überwältigen lässt.

RETTUNGSVERSUCH

Elza und Orla sind auf der Starlight-Station, als die Nihil angreifen. Sie helfen Stellan, die Leute an Bord zu beruhigen und so viele wie möglich zu evakuieren. Elzar koordiniert ein Team von Astromechdroiden, um die Station von innen zu zerlegen und zivilen Schiffen einen Fluchtweg zu gewähren. Er greift stärker als lange zuvor auf die Macht zurück, öffnet die riesigen Hangartore der Station und versucht, die abstürzende Starlight vom Planeten Eiram fortzulenken.

Während der Rettungsaktion tötet Elzar die ehemalige Nihil-Wissenschaftlerin Chancey Yarrow, da er denkt, sie sabotiere das System, doch sie wollte nur die Schubdüsen reparieren. Später kehrt Elzar zu Avar zurück. Fortan muss er mit dem Wissen leben, Chancey, die die Station eigentlich retten wollte, getötet zu haben.

LODEN GREATSTORM

WEISER, EINDRUCKSVOLLER MEISTER

PRONOMEN: Er/ihn
SPEZIES: Twi'lek
GRÖSSE: 1,96 m
ZUGEHÖRIGKEIT: Jedi-Orden
ERSTES AUFTRETEN: DLdJ

Loden Greatstorm ist einer der geachtetsten Jedi-Meister und ein fähiger Kämpfer, doch er weiß, die stärksten Anführer können Gewalt verhindern, noch ehe sie ausbricht. Mit seiner langjährigen Erfahrung als Jedi trifft Loden in Konfliktsituationen überlegte Entscheidungen. Als Bell Zettifars Meister hält er seinen Schüler dazu an, Scheitern als Teil des Lernprozesses zu begreifen.

TRAGISCHES ENDE

Der tapfere und geduldige Loden wird von den Jedi bewundert, was seine Entführung durch die Nihil umso beunruhigender macht. Während seiner Gefangenschaft findet er die Kraft, sich wieder mit der Macht zu verbinden und zu entkommen, wird kurz darauf aber von dem entfesselten Gleichmacher getötet.

»WENN ICH DIE GANZE ARBEIT MACHE, LERNST DU DOCH NIE ETWAS.«

– **Loden Greatstorm**

SSKEER

SCHROFFER JEDI-MEISTER

Sskeer setzt beim Aufspüren von Gegnern ebenso auf die Macht wie auch auf seine geschärften Sinne.

Sskeer läuft am liebsten barfuß.

PRONOMEN: Er/ihn
SPEZIES: Trandoshaner
GRÖSSE: 1,68 m
ZUGEHÖRIGKEIT: Jedi-Orden
ERSTES AUFTRETEN: DLdJ

Der als starker, barscher Jedi-Meister bekannte Sskeer ist ebenso ein mitfühlender Mentor. Er ist sehr stolz auf seine Schülerin Keeve Trennis und hält sie dazu an, an sich selbst zu glauben. Sskeer leidet am Magrak-Syndrom, einer seltenen Krankheit, die aggressive Schübe verursacht. Das Syndrom beeinträchtigt auch Sskeers Verbindung zur Macht.

UNGEWISSE ZUKUNFT

Weil das Magrak-Syndrom nicht heilbar ist, will Avar Kriss Sskeer seiner Pflichten als Jedi entbinden. Doch während des Untergangs der Starlight haben die Namenlosen wegen seiner schwachen Machtverbindung keinen Einfluss auf Sskeer. So kann er sie zurückdrängen, während andere Jedi die Station evakuieren.

»EIN JEDI ZU SEIN, BEDEUTET, SICH WIEDER UND WIEDER FÜR DAS LICHT ZU ENTSCHEIDEN.« – **Sskeer**

VERNESTRA RWOH

JEDI-WUNDERKIND

Lichtschwertklinge kann zur flexiblen Peitsche werden.

PRONOMEN: Sie/ihr
SPEZIES: Mirialanerin
GRÖSSE: 1,68 m
ZUGEHÖRIGKEIT: Jedi-Orden
ERSTES AUFTRETEN: DB

Dank ihrer Zuversicht und ihrem Vertrauen in die Macht wird Vernestra Rwoh mit 15 Jahren eine der jüngsten Jedi-Ritterinnen aller Zeiten. Einige ihrer Fähigkeiten sind sogar ihr selbst ein Rätsel. Sie hat eine seltsame Verbindung zum Hyperraum und beim Flug mit Überlichtgeschwindigkeit oft verwirrende Visionen. Ihr Lichtschwert hat eine lila Klinge und kann auch als Lichtpeitsche genutzt werden.

FREUNDSCHAFT

Trotz ihres jungen Alters bildet Vernestra mit Imri Cantaros einen eigenen Padawan aus. Mitunter wirkt ihr Selbstvertrauen wie Überheblichkeit, aber sie ist sehr mitfühlend gegenüber anderen. Am liebsten konzentriert sie sich auf ihr Training und lässt sich nicht von etwas wie Liebeleien ablenken. Tatsächlich erzählt sie Imri, dass sie keinerlei romantische Gefühle verspürt und somit auch kein Interesse an einer Liebesbeziehung zu jemandem hat.

»RACHE IST NICHT DER WEG DES LICHTS.«

– Vernestra Rwoh

BELL ZETTIFAR

ENTSCHLOSSENER JEDI-PADAWAN

PRONOMEN: Er/ihn
SPEZIES: Mensch
GRÖSSE: 1,78 m
ZUGEHÖRIGKEIT: Jedi-Orden
ERSTES AUFTRETEN: DLdJ

Bell Zettifar lernt von seinem Jedi-Meister Loden Greatstorm, an sich zu glauben. Sie meistern Herausforderungen wie eine Begegnung mit den Nihil, und Bell lernt, nach einem Sturz aus großer Höhe kontrolliert zu landen. Schon bei einer seiner ersten Jedi-Missionen trifft Bell auf die Nihil. Die Piraten entfesseln ein Monster, das Loden letztlich tötet.

NEUE MEISTERIN

Meisterin Indeera Stokes nimmt Bell als ihren neuen Padawan unter ihre Fittiche. In Trauer um Loden befindet sich Bell auf der Starlight, als die Station angegriffen wird. Zusammen mit dem Jedi Burryaga hilft Bell, Zivilisten an Bord in Sicherheit zu bringen. Burry wird nach dem Untergang der Starlight vermisst, aber Bell gibt den befreundeten Padawan nie auf und setzt die Suche nach ihm fort.

TREUE ASCHEHÜNDIN

Die feurige Aschehündin Ember steht Bell auf seinem Weg als Jedi treu zur Seite. Aschehunde sind bekannt für ihren Feueratem – und Ember ist keine Ausnahme. Ihr Maul brennt heiß genug, um Metall zum Schmelzen zu bringen.

»DAS SIND MEINE FREUNDE. ICH MUSS GANZ EINFACH VERSUCHEN, IHNEN ZU HELFEN.«

– **Bell Zettifar**

BURRYAGA

EMPATHISCHER PADAWAN

PRONOMEN: Er/ihn
SPEZIES: Wookiee
GRÖSSE: 2,24 m
ZUGEHÖRIGKEIT: Jedi-Orden
ERSTES AUFTRETEN: S: Av

Der freundliche und mitfühlende Jedi Burryaga, kurz Burry, kann bei der Großen Katastrophe besser als andere Überlebende aufspüren. Burry ist stets hilfsbereit, bisweilen aber auch schüchtern, besonders inmitten jener, die seine Sprache nicht beherrschen. Meisterin Nib Assek bringt sich selbst Shyriiwook bei, während sie Burry ausbildet, was zu einer engen Freundschaft führt.

TAPFER IM KAMPF

Burry ist während des Angriffs der Nihil auf der Starlight. Im Kampf gegen Rathtare riskiert er zur Rettung anderer sein Leben. Als die Station untergeht, wird Burry vermisst. Er strandet in einer Tiefseehöhle auf Eiram, ehe er Kontakt zu Bell Zettifar herstellt.

»ALLES LEBEN IST WERTVOLL, UND WIR ALLE SIND DIE REPUBLIK.«

– Burryaga

TEREC UND CERET

JEDI-ZWILLINGE

Die Zwillinge kleiden sich oft gleich.

Beide haben grüne Lichtschwerter.

PRONOMEN: Xier/xiem (beide)
SPEZIES: Kotabi
GRÖSSE: 1,73 m
ZUGEHÖRIGKEIT: Jedi-Orden
ERSTES AUFTRETEN: DHR (PI)

Die Jedi Terec und Ceret – eng miteinander verbundene Zwillinge, die ein gemeinsames Bewusstsein teilen – kennen zum Teil die Gedanken des anderen. Wird ein Zwilling verletzt, ist der andere ähnlich betroffen, auch wenn sie weit voneinander entfernt sind. Sie spüren auch starke Emotionen in jenen um sie herum und zeigen sich geduldig, wenn andere sie schwer auseinanderhalten können.

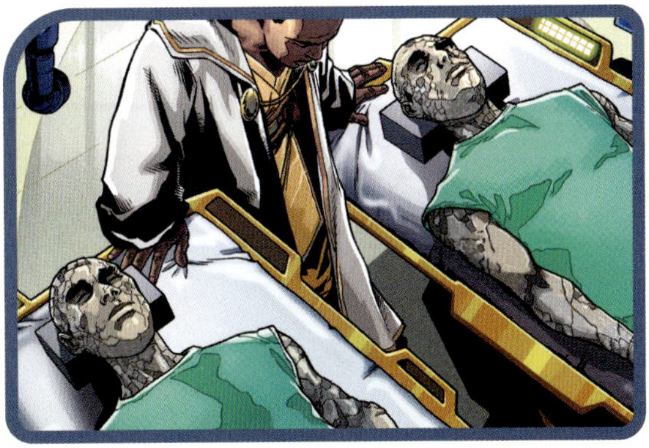

VERLETZUNG UND HEILUNG

Die Zwillinge fühlen den Schmerz des anderen, können sich aber auch gegenseitig helfen zu heilen. Als Terecs Undercovermission scheitert und die Namenlosen angreifen, lässt Ceret sie beide in einen Tiefschlaf verfallen, der Terecs Versteinerung verlangsamt.

»WIR SIND IM GRUNDE DAS GLEICHE WESEN. ZUMINDEST DER GLEICHE GEIST.«

– Ceret

LULA TALISOLA

NACHDENKLICHE SCHÜLERIN

PRONOMEN: Sie/ihr
SPEZIES: Mensch
GRÖSSE: 1,65 m
ZUGEHÖRIGKEIT: Jedi-Orden
ERSTES AUFTRETEN: DHRA (PI)

Padawan Lula Talisolas Talente gehen weit über ihre Fertigkeiten mit dem Lichtschwert hinaus. Ihr Mitgefühl lässt sie die junge, machtsensitive Zeen Mrala in ihrer Crew auf dem mobilen Ausbildungsschiff *Star Hopper* willkommen heißen. Die von Kantam Sy ausgebildete Lula steht vielen anderen Jedi wie Farzala Tarabal und Qort nahe.

GEFÜHLSCHAOS

Lula träumt ihr Leben lang davon, Jedi-Ritterin zu werden. Doch als der Tag gekommen ist und die Meister Torban Buck und Kantam Sy sie für bereit halten, zögert Lula. Sie will sich Zeit nehmen, ihre neu erwachten Gefühle für Zeen zu erforschen und zu sehen, ob sie wegen dieser Liebe eine Zukunft im Orden hat.

»ICH MUSS MIR ÜBER EIN PAAR DINGE KLAR WERDEN … MEINE GEFÜHLE FÜR SIE.«
– **Lula Talisola**

INDEERA STOKES

PRONOMEN: Sie/ihr
SPEZIES: Tholothianerin
GRÖSSE: 1,75 m

ZUGEHÖRIGKEIT: Jedi-Orden
ERSTES AUFTRETEN: DLdJ

Indeera Stokes ist eine Jedi-Ritterin mit einer schwierigen Aufgabe: Sie übernimmt nach Loden Greatstorms vermeintlichen Tod Bell Zettifars Ausbildung. Indeera ist für ihren feinen Humor bekannt und äußerst mitfühlend. Sie versucht, ebenso Bells Trauer über den Verlust seines Meisters zu ehren wie ihn anzuhalten, seine Studien als Padawan fortzusetzen. Selbst für einen Jedi kann Indeera sich einzigartig gut fokussieren. Bei einem Einsatz gegen die Nihil demonstriert sie dies, als sie zwei Vektorjäger mithilfe der Macht gleichzeitig fliegt – einen physisch und den anderen ferngesteuert.

»FREU' DICH NICHT ÜBER DEN TOD DEINES FEINDES. SOLCHE EMOTIONEN FÜHREN AUF DIE DUNKLE SEITE.« – **Indeera Stokes**

NIB ASSEK

PRONOMEN: Sie/ihr
SPEZIES: Mensch
GRÖSSE: 1,65 m

ZUGEHÖRIGKEIT: Jedi-Orden
ERSTES AUFTRETEN: S: Av

Nib Assek ist eine mitfühlende, fürsorgliche Jedi, was sie zur perfekten Lehrmeisterin für den Wookiee Burryaga macht, einen besonders empathischen Padawan. Nib nimmt ihre Rolle sehr ernst und erlernt die schwierige Wookiee-Sprache Shyriiwook, damit sie uneingeschränkt mit ihrem Schüler kommunizieren kann. Dass Nib ihren Padawan gut versteht, trägt während der Großen Katastrophe dazu bei, vielen das Leben zu retten. Sie erkennt als Einzige, dass Burry auf einem Trümmerteil Überlebende spürt, was er den anderen aber nicht mitteilen kann. Sie ergreift für Burry das Wort und hält die Staffel davon ab, es abzuschießen.

»GEMEINSAM KÖNNEN WIR DURCH DIE MACHT ALLES ERREICHEN.« – **Nib Assek**

IMRI CANTAROS

PRONOMEN: Er/ihn
SPEZIES: Mensch
GRÖSSE: 1,78 m
ZUGEHÖRIGKEIT: Jedi-Orden
ERSTES AUFTRETEN: DLdJ

Padawan Imri Cantaros ist durch die Macht äußerst empathisch. Sein Gespür verleiht ihm große Einsicht in die Gefühle anderer, kann aber auch überwältigend sein. Imris Meister Douglas Sunvale stirbt bei einem Angriff der Nihil, und Imris Trauer und Wut führen ihn nah an die dunkle Seite. Auf dem Dschungelmond Wevo sinnt er auf Rache an den Nihil, aber Vernestra Rwoh hält ihn zurück. Obwohl sie ähnlich alt sind, wird sie seine neue Meisterin. Die beiden knüpfen im Lauf ihrer gemeinsamen Missionen enge Bande.

Von Avar Kriss inspiriertes Lichtschwert

Nach der Wevo-Krise erhaltene, formelle Robe

»ICH GLAUBE NICHT, DASS ICH DAS ZEUG DAZU HABE, EIN JEDI ZU SEIN.«

– **Imri Cantaros**

KANTAM SY

PRONOMEN: Xier/xiem
SPEZIES: Mensch
GRÖSSE: 1,75 m
ZUGEHÖRIGKEIT: Jedi-Orden
ERSTES AUFTRETEN: DHRA (PI)

Kantam Sy war Meister Yodas Padawan und unterwies später selbst Lula Talisola. Freundlich und gelassen unter Freunden, zeigt xier sich ebenso erbittert im Kampf gegen Feinde. Während der Großen Katastrophe ist Kantam Teil eines Teams, das bei der Evakuierung der *Voyager Dawn* hilft. Im Kampf gegen die Nihil fliegt xier auch einen Vektorjäger und rettet dem Jedi Torban Buck das Leben. Kantam führt eine Gruppe aus Jedi und corellianischen Bürgern, darunter Svi'no Atchapat, gegen die Nihil an, als diese die Schiffswerften der Stadt Coronet übernehmen wollen.

»WIR KOMMEN IN FRIEDEN.«

– **Kantam Sy**

ORLA JARENI

PRONOMEN: Sie/ihr
SPEZIES: Umbaranerin
GRÖSSE: 1,70 m
ZUGEHÖRIGKEIT: Jedi-Orden
ERSTES AUFTRETEN: IdD

Als Wegsuchende geht Orla Jareni dorthin, wohin die Macht sie führt, und agiert ohne Weisung des Jedi-Rats. Orla ist klug und unabhängig, arbeitet aber gut mit anderen Jedi zusammen, wenn sie das Gefühl hat, dass die Macht sie dazu berufen hat. Ihre individuelle Sicht auf die Macht und die Jedi macht sie zur exzellenten Mentorin für den Jedi Elzar Mann, als dieser mit der dunklen Seite konfrontiert ist. Wie ihre Ansichten über die Macht ist auch Orlas Lichtschwert ungewöhnlich: Es hat zwei weiße Klingen und ein Gelenk in der Mitte.

»MEIN LOB MUSS MAN SICH ERARBEITEN. ICH HOFFE, IHR WISST ES ZU SCHÄTZEN.«

– **Orla Jareni**

OBRATUK GLII

PRONOMEN: Er/ihn
SPEZIES: Parwaner
GRÖSSE: 2,24 m
ZUGEHÖRIGKEIT: Jedi-Orden
ERSTES AUFTRETEN: DHRA (PI)

Der talentierte Schwertkämpfer Obratuk Glii ist Farzala Tarabals Jedi-Meister. Parwaner haben ein langes Leben, daher hat er viele Padawane ausgebildet – und überlebt. Glii fliegt mit der Crew der *Schiff* zu einem diplomatischen Treffen mit den Hutts. Beim Untergang der Starlight wird er von Marchion Ro gefangen genommen. Auf dessen Schiff beendet ein Namenloser sein Leben.

»ICH BIN EIN JEDI. DIE MACHT IST MIT MIR. ICH HABE NICHTS ZU BEFÜRCHTEN.«

– **Obratuk Glii**

Parwaner schweben in der Luft, indem sie sich mit Gasen füllen.

Vier Tentakel wie dieser dienen Glii quasi als zusätzliche Gliedmaßen.

FARZALA TARABAL

PRONOMEN: Er/ihn
SPEZIES: Zygerrianer
GRÖSSE: 1,70 m
ZUGEHÖRIGKEIT: Jedi-Orden
ERSTES AUFTRETEN: DHRA (PI)

Farzala Tarabal ist ein Padawan mit einem schelmischen Humor. Auf der mobilen Jedi-Akademie *Star Hopper* ist er eng mit den anderen Padawanen Qort und Lula Talisola befreundet. Unter Meister Obratuk Glii zeigt Farzala Talent ebenso für Lichtschwertkampf wie für Diplomatie. Meister Obratuks Lehren über Angst helfen ihm, der Gefangenschaft zu entfliehen, als Friedensverhandlungen auf Nal Hutta scheitern. Farzala kämpft auf seinen Missionen quer durch die Galaxis gegen Nihil und Drengir, ehe er zusammen mit Qort zum Ritter geschlagen wird.

»DER JEDI WIRD ZUM MEISTER, WENN ER SICH DER ANGST STELLT, NICHT, WENN ER VORGIBT, SIE NICHT ZU SPÜREN.«

– Farzala Tarabal

QORT

PRONOMEN: Er/ihn
SPEZIES: Aloxianer
GRÖSSE: 1,22 m
ZUGEHÖRIGKEIT: Jedi-Orden
ERSTES AUFTRETEN: DHRA (PI)

Padawan Qort lernt auf der *Star Hopper* unter Meister Tabakan Pak. Als Aloxianer sind ihm von Natur aus destruktive Tendenzen zu eigen. Von klein auf trägt er eine Vonduun-krabbenschädelmaske, was ihm hilft, seine Emotionen auszugleichen. Qort gilt als nett und ist gut mit den Padawanen Farzala Tarabal und Lula Talisola befreundet. Sein Dienst für den Jedi-Orden führt ihn nach Takodana, wo Jahre zuvor seine Machtsensitivität entdeckt worden war und er bei der Verteidigung gegen die Nihil hilft. Seine Maske zerbricht bei der Mission, aber er und seine Freunde gewöhnen sich schnell an sein neues Aussehen und besiegen die Nihil.

»ICH BIN BEREIT.«

– Qort

LILY TORA-ASI

JEDI-PROBLEMLÖSERIN

PRONOMEN: Sie/ihr
SPEZIES: Mensch
GRÖSSE: 1,65 m
ZUGEHÖRIGKEIT: Jedi-Orden
ERSTES AUFTRETEN: ARdG1

Lily Tora-Asi ist eine auf dem Außenposten auf Banchii stationierte Jedi-Ritterin. Mit ihrem Padawan Keerin Fionn nimmt sie die Rolle als Beschützerin der dort siedelnden Flüchtlinge sehr ernst. Doch Lily stellt ihre Entscheidungen oftmals infrage. Mit der Zeit lernt sie, auf ihren Instinkt zu vertrauen, um individuelle Lösungen für Probleme auf ihrem Weg als Jedi zu finden.

SIEG ÜBER DIE DRENGIR

Lily beherrscht den Jar'Kai-Lichtschwertkampf, bei dem man zwei Lichtschwerter gleichzeitig benutzt. Aber als sie merkt, dass diese gegen die Drengir nichts ausrichten, hat Lily eine andere Idee. Sie lockt die Drengir zu einem See, wo sie und die übrigen Jedi einen Wasserwirbel erzeugen, um sie zu vernichten.

»DUELLIEREN IST MEHR ALS NUR DAS SCHWINGEN EINER WAFFE. UM ZU GEWINNEN, MUSS MAN VERTRAUEN IN SEINE ABSICHTEN HABEN.« – **Lily Tora-Asi**

ARKOFF

ERNSTER JEDI-LEHRER

PRONOMEN: Er/ihn
SPEZIES: Wookiee
GRÖSSE: 2,49 m
ZUGEHÖRIGKEIT: Jedi-Orden
ERSTES AUFTRETEN: ARdG1

Arkoff wurde von Meisterin Ravna Abronsa ausgebildet und kämpft in der Schlacht von Dalna mit ihr und seinem früheren Padawan Azlin Rell. Arkoff sucht Rell später einige Male auf und versteckt dessen Tagebuch, das die Geheimnisse der Namenlosen birgt. Er leitet als Meister im Banchii-Außenposten Lily Tora-Asi, Padawan Keerin Fionn und die Jünglinge Nima Allets und Viv'Nia Nia'Viv an. Arkoff ermutigt seine Schüler, aufgeschlossen zu sein.

MIT GUTEM BEISPIEL VORAN

Meister Arkoff ist ein strenger, aber effektiver Lehrer. Seine Schüler wenden sich an ihn, wenn Gefahr droht – wie eine Erschütterung im Wald, die sich als die tödlichen, pflanzenartigen Drengir entpuppt. Arkoff öffnet den Außenposten für vor dem Angriff Fliehende, ehe er sich mit den anderen den Drengir stellt.

»ICH HABE EINIGES MIT MEISTER ARKOFF ZU BESPRECHEN.«

– Lily Tora-Asi

REATH SILAS

AUFSTREBENDER ARCHIVAR

Padawanzöpfe sind eine alte Jedi-Tradition.

PRONOMEN: Er/ihn
SPEZIES: Mensch
GRÖSSE: 1,73 m
ZUGEHÖRIGKEIT: Jedi-Orden
ERSTES AUFTRETEN: IdD

Reath Silas ist mit seinem Arbeitseifer und Wissensdurst ein fähiger Padawan, zieht aber die Bibliothek dem Schlachtfeld vor. Er hat bis zu deren Tod bei einem Nihil-Angriff ein enges Verhältnis zu seiner Meisterin Jora Malli. Der Jedi Cohmac Vitus, der Recherche ebenso mag wie Reath, wird sein neuer Meister.

ERWEITERUNG DES HORIZONTS

Reath und seine Mitstreiter wie Affie Hollow, die Pilotin der *Schiff,* entdecken die von Drengir befallene Amaxinen-Station. Er weiß, dass es mehr bedarf als alter Texte, um nun am Leben zu bleiben. Reath behauptet sich gegen die Monster und widersteht auch der Verlockung von Artefakten der dunklen Seite, während er mit seinen Gefühlen für die Nihil Nan ringt.

»WIE SOLLEN WIR DIE GROSSEN GEHEIMNISSE DER MACHT ERFORSCHEN … WENN WIR ZU SEHR DAMIT BESCHÄFTIGT SIND, UM UNSER LEBEN ZU FÜRCHTEN?« **– Reath Silas**

RAM JOMARAM

MECHANISCH BEGABTER PADAWAN

PRONOMEN: Er/ihn
SPEZIES: Mensch
GRÖSSE: 1,68 m
ZUGEHÖRIGKEIT: Jedi-Orden
ERSTES AUFTRETEN: KuV

Der freundliche, optimistische Teenager Ram Jomaram fühlt sich am wohlsten in einer öligen, vollgestopften Werkstatt. Er wird unter Meister Vasivola Padawan im Jedi-Tempel auf Valo. Ram hadert mit dem Lichtschwertkampf, doch das Bauen und Reparieren von Fahrzeugen und Droiden liegt ihm und stärkt seine Verbindung zur Macht.

GUTE KOMMUNIKATION

Als die Nihil angreifen, tut Ram sich mit der Jedi Lula Talisola, deren Freundin Zeen Mrala und Monsterjägerin Ty Yorrick zusammen. Sie eilen zu einem sabotierten Kom-Turm, wo die Drengir ihnen den Weg versperren. Ram bringt sie dazu, die Nihil anzugreifen. Mit seiner Boxencrew, den Bonbraks, reparieren er den Turm. Dann entschließt er sich, bei seinen neuen Freunden zu bleiben.

»TROTZDEM KANN ICH ES VIELLEICHT REPARIEREN.« – **Ram Jomaram**

ESTALA MARU

OPERATIONSLEITER DER STARLIGHT-STATION

PRONOMEN: Er/ihn
SPEZIES: Kessurianer
GRÖSSE: 1,88 m
ZUGEHÖRIGKEIT: Jedi-Orden
ERSTES AUFTRETEN: DHR (PI)

Meister Estala Maru leitet von Seiten der Jedi den Betrieb auf der Starlight, der Raumstation der Republik im Äußeren Rand. Tag um Tag müht er sich, den Bedürfnissen von Vertretern der Republik, Jedi und Gästen gerecht zu werden und jedes kleine Detail im Auge zu behalten. Mit seinem sarkastischen Humor ist er sehr beliebt unter den Jedi.

PFLICHTGEFÜHL

Estala wird trotz der Hilfe seines Astromechs KC-78 bei seinem Job ständig an allen Ecken und Enden gebraucht. Aber die Sicherheit jener an Bord der Starlight hat für ihn oberste Priorität. Als eine Explosion die Raumstation auseinanderreißt, hält Estala sie so lange er kann mithilfe der Macht zusammen, um der Besatzung Zeit für die Evakuierung zu verschaffen.

»DIE STARLIGHT WIRD ANGEGRIFFEN.« – Estala Maru

TORBAN BUCK

JEDI-HEILER

PRONOMEN: Er/ihn
SPEZIES: Chagrianer
GRÖSSE: 2,03 m
ZUGEHÖRIGKEIT: Jedi-Orden
ERSTES AUFTRETEN: DHRA (PI)

Meister Torban Buck ist ein Jedi-Heiler mit dem ominösen Spitznamen »Blutkrieger«. Buck ist zwar ein guter Kämpfer, vermeidet Gewalt aber, wenn möglich. Mit Jedi-Meister Yoda kümmert er sich auf der *Star Hopper* um eine Gruppe Padawane. Ganz zur Freude von Padawanen und Jünglingen findet Buck Vergnügen daran, übertriebene, blutrünstige Geschichten zu erzählen. Aber er hat auch die seltene Gabe, in chaotischen Situationen für Ruhe zu sorgen.

BACKWETTBEWERB

Torban Buck nimmt seine Rolle als Lehrer und Mentor ernst. Er sorgt sich sehr um seine Schüler und zeigt dies auch. Buck weiß, wie wichtig es ist, dass junge Jedi Spaß haben, und beweist dies mit der Veranstaltung eines Wettbackens und anderer spaßiger Aktivitäten.

»BUCK, DER BLUTKRIEGER IST EINGETROFFEN!«

– Torban Buck

COHMAC VITUS

JEDI-GELEHRTER

PRONOMEN: Er/ihn
SPEZIES: Mensch
GRÖSSE: 1,80 m
ZUGEHÖRIGKEIT: Jedi-Orden (früher)
ERSTES AUFTRETEN: IdD

Cohmac Vitus hält sich für rational und logisch denkend, obschon er später eine Faszination für Folklore und Mystik entwickelt. Er ist eng mit der Jedi Orla Jareni befreundet, mit der er viel durchmacht. So sehen sie gemeinsam mit an, wie Cohmacs Meister Simmix stirbt. Anders als Orla tendiert Cohmac dazu, sich in seiner Wut zu ergehen, was ihn oft plagt.

TODESSTOSS AUF CORELLIA
Cohmac und Jedi Kantam Sy gehen einem Nihil-Komplott auf Corellia nach. Cohmac hat Zweifel, ob sie bleiben oder die Starlight verteidigen sollten, als diese angegriffen wird. Als er spürt, wie Orla auf der abstürzenden Raumstation stirbt, verlässt er wegen der traumatischen Erlebnisse den Orden.

»WENN WIR BLEIBEN, DANN KÄMPFEN WIR.«

– Cohmac Vitus

EMERICK CAPHTOR

JEDI-ERMITTLER

PRONOMEN: Er/ihn
SPEZIES: Mensch
GRÖSSE: 1,80 m
ZUGEHÖRIGKEIT: Jedi-Orden
ERSTES AUFTRETEN: AdS

Meister Emerick Caphtor erhielt den Auftrag, dem Tod von Loden Greatstorm bei Grizal nachzugehen. Er hat ein ernstes Wesen und bildet sich erst ein Urteil, wenn er alle Fakten kennt. Emerick arbeitet erst nicht sonderlich gern mit Privatermittlerin Sian Holt zusammen, aber sie bauen ein Vertrauensverhältnis auf, als er sich seiner Partnerin öffnet.

LIED DER NAMENLOSEN

Der Schlüssel dazu, was mit Loden Greatstorm geschah, liegt in einem alten Kinderlied, das Emerick und den Jedi Stellan Gios von klein auf verfolgt hat. Es kündet von den auch als »Macht-Essern« bekannten Shrii-Ka-Rai. Der Jedi entdeckt, dass dies die Namenlosen sind – Kreaturen, die sich von Machtnutzern nähren und deren Körper in Staub verwandeln.

»MANCHMAL WEISS ICH, WAS ICH TUE. ALSO LOS!«

– **Emerick Caphtor**

PRA-TRE VETER

PRONOMEN: Er/ihn
SPEZIES: Tarnab
GRÖSSE: 1,70 m

ZUGEHÖRIGKEIT: Jedi-Orden
ERSTES AUFTRETEN: DHR (PI)

Pra-Tre Veter ist einer der Großmeister des Jedi-Rats, die mit vielen wichtigen Entscheidungen zur Ausrichtung des Ordens betraut sind, so auch Avar Kriss' Einsetzung als Marschallin der Starlight. Pra-Tre und weitere Meister im Rat entscheiden, Ordensmitglieder zurück zu der Raumstation zu berufen, als die Nihil sie angreifen. Veter selbst wird später von den Nihil gefasst und inhaftiert. Am ersten Jahrestag des Untergangs der Starlight wird er von den Namenlosen getötet.

LAHRU

PRONOMEN: Er/ihn
SPEZIES: Anx
GRÖSSE: 3,96 m

ZUGEHÖRIGKEIT: Jedi-Orden
ERSTES AUFTRETEN: DLdJ

Lahru ist ein weiterer Großmeister des Jedi-Rats. Er ist als einer der weisesten und mächtigsten Jedi bekannt, und wird mit wichtigen Entscheidungen zur Zukunft des Ordens betraut. Lahru ist an Bord der Starlight, um Avar Kriss zur Marschallin der Station zu ernennen. Er mahnt zur Vorsicht, als ein von den Drengir infizierter Hutt-Leichnam zur Starlight gebracht werden soll, da er fürchtet, dass dies für alle an Bord gefährlich werden könnte – eine Sorge, die sich als nur zu begründet erweist.

EPHRU SHINN

PRONOMEN: Sie/ihr
SPEZIES: Mon Calamari
GRÖSSE: 1,78 m

ZUGEHÖRIGKEIT: Jedi-Orden
ERSTES AUFTRETEN: DLdJ

Meisterin Ephru Shinn nimmt Yodas Sitz im Jedi-Rat ein, während der legendäre Meister fort ist. Sie ist fest davon überzeugt, dass die Jedi Friedenshüter sein sollen, keine Krieger. Als der Rat diskutiert, ob man sich dem Kampf der Republik gegen die Nihil anschließen soll, hält Ephru nichts von dieser Idee. Unabhängig davon, was die Jedi früher getan haben mögen, bittet sie den Rat, sich auf die Rolle der Jedi in der Gegenwart zu besinnen. Sie argumentiert, dass der Rat die Chance habe, der Republik den Weg des Friedens aufzuzeigen, aber Großmeister Lahru und Meister Yarael Poof sind anderer Meinung.

»WELCHE ROLLE SPIELT DER ORDEN *HEUTE* IN DER REPUBLIK?«

– **Ephru Shinn**

JORA MALLI

PRONOMEN: Sie/ihr
SPEZIES: Togruta
GRÖSSE: 1,75 m

ZUGEHÖRIGKEIT: Jedi-Orden
ERSTES AUFTRETEN: DLdJ

Jora Malli ist eine angesehene Jedi und Ratsmitglied, obwohl sie auch den Ruf hat, eher impulsiv als bedächtig zu sein. Sie glaubt fest daran, dass jegliche Entscheidung, die ein Jedi trifft, Ausdruck des Willens der Macht ist. Sie ist stark genug im Umgang mit der hellen Seite, dass sie verdorbene Artefakte heilen kann. Jora unterweist zwei Padawane: Dez Rydan und Reath Silas. Ihren Sitz im Rat ist sie bereit aufzugeben, um Marschallin der Starlight-Station zu werden. Doch bevor sie ihren neuen Posten antreten kann, wird ihr Vektorjäger von den Nihil angegriffen, und Jora kommt ums Leben.

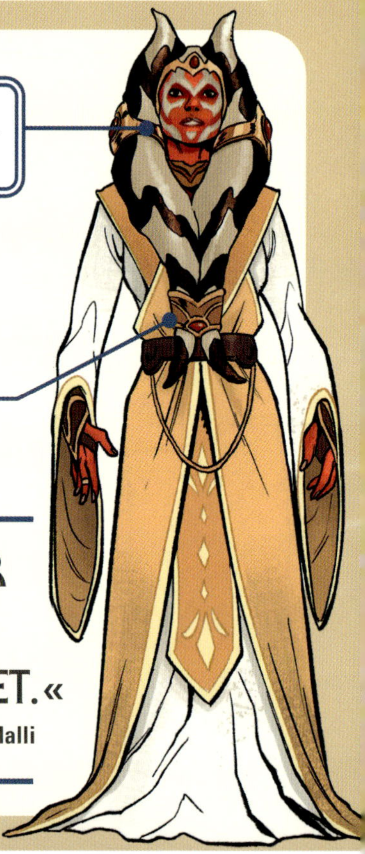

»WAS IMMER DIE MACHT ENTSCHEIDET.«

– **Jora Malli**

RANA KANT

PRONOMEN: Sie/ihr
SPEZIES: Duros
GRÖSSE: 1,70 m
ZUGEHÖRIGKEIT: Jedi-Orden
ERSTES AUFTRETEN: DLdJ

Rana Kant sitzt im Hohen Rat der Jedi, als dieser über die schwere Frage berät, ob die Jedi für die Republik die Nihil jagen sollten. Rana meint, dass die Jedi zwar Kampferfahrung hätten, sie sich derzeit aber nicht im Krieg befänden. Ihr ehemaliger Padawan Stellan Gios nimmt ihren Platz im Rat ein, als sie eines natürlichen Todes stirbt.

YARAEL POOF

PRONOMEN: Er/ihn
SPEZIES: Quermianer
GRÖSSE: 2,64 m
ZUGEHÖRIGKEIT: Jedi-Orden
ERSTES AUFTRETEN: DLdJ

Yarael Poof ist ein mächtiger Meister, der auf Illusionen und Geisteskontakt spezialisiert ist. Er arbeitet mit Kanzlerin Lina Soh zusammen, um die Ursache für die Große Katastrophe herauszufinden, und rät dem Jedi-Rat, die Republik im Konflikt mit den Nihil zu unterstützen. Er ist einer der Jedi, die der Einweihungsfeier der Starlight-Station beiwohnen.

TERI ROSASON

PRONOMEN: Sie/ihr
SPEZIES: Mensch
GRÖSSE: 1,60 m
ZUGEHÖRIGKEIT: Jedi-Orden
ERSTES AUFTRETEN: IdD

Teri Rosason gehört zu den Mitgliedern des Jedi-Rats, die sich mit den eigenmächtigen Aktionen von Cohmac Vitus, Reath Silas und Orla Jareni auf der Amaxinen-Raumstation befassen. Teri zeigt Verständnis für Reath und gibt ihm einige Ratschläge für die Zukunft. Sie kritisiert zudem Avar Kriss' Allianz mit den Hutts und setzt sich im Rat für die Suche nach der Nihil-Führung ein.

RY KI-SAKKA

PRONOMEN: Er/ihn
SPEZIES: Mensch
GRÖSSE: 1,88 m
ZUGEHÖRIGKEIT: Jedi-Orden
ERSTES AUFTRETEN: THRS

Ry Ki-Sakka folgt Jora Malli im Jedi-Rat nach, als diese in der Schlacht von Kur stirbt. Ry war in seiner Zeit als Jedi meist auf Missionen in entlegenen Teilen der Galaxis. Diese Erfahrungen bringt er in seiner neuen Funktion im Rat mit ein, wo er als Großmeister ein eindrucksvolles Beispiel abgibt, wofür die Jedi stehen.

OPPO RANCISIS

PRONOMEN: Er/ihn
SPEZIES: Thisspiasianer
GRÖSSE: 1,35 m
ZUGEHÖRIGKEIT: Jedi-Orden
ERSTES AUFTRETEN: DLdJ

Oppo Rancisis ist ein hoch angesehenes Mitglied des Jedi-Rats. Er rettet die junge Lourna Dee vor kriminellen Zygerrianern und versucht ihr zu helfen, ein diszipliniertes Leben zu führen. Oppo hat als Thisspiasianer eine sehr hohe Lebenserwartung. Dank seiner vielen Jahre des Dienstes und seiner enormen Erfahrung bringt er eine einzigartige Sichtweise in den Rat ein.

KEATON MURAG

PRONOMEN: Er/ihn
SPEZIES: Mensch
GRÖSSE: 1,83 m
ZUGEHÖRIGKEIT: Jedi-Orden
ERSTES AUFTRETEN: DLdJ

Jedi-Meister Keaton Murag wird kurz vor der Großen Katastrophe in den Jedi-Rat berufen. Er nimmt an der entscheidenden Sitzung teil, in der der Rat beschließt, sich der Republik im Kampf gegen die Nihil anzuschließen. Keaton arbeitet eifrig daran, Wege zu finden, den Rat hinsichtlich der galaktischen Ereignisse auf dem Laufenden zu halten.

ADAMPO

PRONOMEN: Er/ihn
SPEZIES: Yarkoraner
GRÖSSE: 1,98 m
ZUGEHÖRIGKEIT: Jedi-Orden
ERSTES AUFTRETEN: DLdJ

Ratsmitglied Adampo findet, dass die Jedi keine Krieger sein sollten. Er spricht sich nach der Großen Katastrophe im Rat gegen militärische Maßnahmen gegen die Nihil aus, doch die Mehrheit im Rat stimmt anders ab.

»DIE JEDI SIND KEINE MILITÄRISCHE EINHEIT.«

– **Adampo**

ADA-LI CARRO

PRONOMEN: Sie/ihr
SPEZIES: Mensch
GRÖSSE: 1,63 m
ZUGEHÖRIGKEIT: Jedi-Orden
ERSTES AUFTRETEN: DLdJ

Ada-Li Carro sitzt zur Zeit der Großen Katastrophe mit Yoda, Oppo Rancisis und neun weiteren Meistern im Jedi-Rat. Dort bringt sie sich mit ihrem Wissen und ihrer jahrzehntelangen Erfahrung ein und wird von den anderen Ratsmitgliedern für ihre Meinung sehr geschätzt.

SOLEIL AGRA

PRONOMEN: Sie/ihr
SPEZIES: Nautolanerin
GRÖSSE: 1,75 m
ZUGEHÖRIGKEIT: Jedi-Orden
ERSTES AUFTRETEN: ARdG2

Nach dem Untergang der Starlight ist Jedi-Meisterin Soleil Agra eine der Jedi, die eine Botschaft in die Galaxis hinausschicken: Alle Jedi sollen sich so schnell wie möglich auf Coruscant neu formieren. Wie alle Nautolaner kann Agra mit ihren Kopftentakel spüren, wie andere sich fühlen – eine Fähigkeit, die ihr in ihrer Rolle im Jedi-Rat zugutekommt.

NYLA QUINN

PRONOMEN: Sie/ihr
SPEZIES: Twi'lek
GRÖSSE: 1,63 m
ZUGEHÖRIGKEIT: Jedi-Orden
ERSTES AUFTRETEN: MiV

Nyla Quinn ist die freundliche Meisterin des Jedi-Tempels auf Dalna. Mit den Jedi Lyssa Votz und Yacek Sparkburn heißt sie Vernestra Rwoh und Imri Cantaros bei ihrer Suche nach der entführten Avon Starros auf Dalna willkommen. Nyla hilft ihnen dabei, von den Nihil in ihre Gewalt gebrachte Kinder zu befreien.

LYSSA VOTZ

PRONOMEN: Sie/ihr
SPEZIES: Mensch
GRÖSSE: 1,65 m
ZUGEHÖRIGKEIT: Jedi-Orden
ERSTES AUFTRETEN: MiV

Lyssa Votz ist Archivarin in Dalnas kleinem Jedi-Tempel. Sie greift nur widerwillig auf Gewalt zurück, aber als sie sich zusammen mit der Jedi Vernestra Rwoh in Gefahr befindet, vertreibt Lyssa gefährliche Eisgatoren.

»DU WEISST GENAU, WIE SEHR ICH ES HASSE ZU KÄMPFEN.«

– Lyssa Votz

YACEK SPARKBURN

PRONOMEN: Er/ihn
SPEZIES: Mensch
GRÖSSE: 1,88 m
ZUGEHÖRIGKEIT: Jedi-Orden
ERSTES AUFTRETEN: MiV

Yacek Sparkburn lernt gern neue Leute kennen und kocht leckeres Essen. Mit beidem verbringt er lieber seine Zeit als mit Meditieren oder Duellieren. Er hilft Vernestra Rwoh und Imri Cantaros, Avon Starros von den Nihil zu befreien.

KEERIN FIONN

PRONOMEN: Er/ihn
SPEZIES: Mensch
GRÖSSE: 1,68 m
ZUGEHÖRIGKEIT: Jedi-Orden
ERSTES AUFTRETEN: ARdG1

Padawan Keerin Fionn hilft mit seiner Meisterin Lily Tora-Asi im Jedi-Außenposten auf Banchii beim Unterrichten der Jünglinge. Der umsichtige und nette Keerin kann mitunter impulsiv und unbesonnen sein. Die Nihil nutzen aus, dass er einem Siedler zu Hilfe eilt – mit tragischem Ende.

RUUSSTHA VIDYARVRIKT

PRONOMEN: Sie/ihr
SPEZIES: Ongree
GRÖSSE: 1,65 m
ZUGEHÖRIGKEIT: Jedi-Orden
ERSTES AUFTRETEN: DHR: SdS

Ruusstha Vidyarvrikt ist ein Kindermädchen auf Dalna. Sie singt Emerick Caphtor und Stellan Gios, den Jünglingen in ihrer Obhut, ein Lied vor. Damals lässt es die Kinder schaudern, aber als Emerick später ein Jedi-Ritter geworden ist, erkennt er, dass es der Schlüssel ist, um mehr über die Namenlosen zu erfahren.

NOORANBAKARAKANA

PRONOMEN: Sie/ihr
SPEZIES: Frozianerin
GRÖSSE: 1,75 m
ZUGEHÖRIGKEIT: Jedi-Orden
ERSTES AUFTRETEN: IZdS

Nooranbakarakana, kurz Nooran, ist eine ruhige und bedächtige Jedi-Ritterin. Im Jedi-Orden ist sie dafür bekannt, einen klaren Kopf zu bewahren, um sich auf die Lösung von Problemen zu konzentrieren, selbst im Chaos von Schlachten und galaktischen Notfällen.

ORBALIN

PRONOMEN: Er/ihn
SPEZIES: Ugor
GRÖSSE: 1,70 m
ZUGEHÖRIGKEIT: Jedi-Orden
ERSTES AUFTRETEN: DHR (PI)

OrbaLin ist der Jedi-Archivar an Bord der Starlight-Station. Als erster Ugor, der je ein Jedi wurde, trägt er einen Raumanzug, der seinem formlosen, grünen Körper eine humanoide Gestalt verleiht. Obschon einige OrbaLins Vorträge langweilen, trägt er entscheidend dazu bei, die Gefahr durch die Drengir auf der Station zu erkennen und Hilfe zu rufen, als die Nihil die Republik-Schau angreifen.

VIV'NIA NIA'VIV

PRONOMEN: Sie/ihr
SPEZIES: Togruta
GRÖSSE: 1,25 m
ZUGEHÖRIGKEIT: Jedi-Orden
ERSTES AUFTRETEN: ARdG1

Viv'Nia Nia'Viv ist ein Jüngling des Jedi-Außenpostens auf Banchii. Sie gibt alles, um die Macht zu beherrschen, ist aber bisweilen nicht konzentriert genug. Viv hat das starke Verlangen, ihren Nächsten zu helfen. Sie wünscht sich, nicht auf einem so abgeschiedenen Planeten zu leben.

NIMA ALLETS

PRONOMEN: Sie/ihr
SPEZIES: Mensch
GRÖSSE: 1,37 m
ZUGEHÖRIGKEIT: Jedi-Orden
ERSTES AUFTRETEN: ARdG1

Nima Allets und ihre gute Freundin Viv'Nia Nia'Viv sind Jünglinge im Jedi-Außenposten auf Banchii. Nima ist umsichtig und wissbegierig und genießt es, bei einem Besuch der Starlight-Station Zeit mit anderen Jedi zu verbringen. Nima ist auch eine begabte Künstlerin und fertigt Viv einen neuen Kopfschmuck an.

LYNELA KABE-OYU

PRONOMEN: Sie/ihr
SPEZIES: Kel Dor
GRÖSSE: 1,75 m
ZUGEHÖRIGKEIT: Jedi-Orden
ERSTES AUFTRETEN: DHRA: A

Meisterin Lynela Kabe-Oyu ist mit Stellan Gios und dessen Schülerin Vernestra Rwoh im Jedi-Außenposten auf Hynestia Prime stationiert. Sie ist beeindruckt von Vernestras Fähigkeiten lädt sie zu einem Bankett ein. Als es zu einem Streit zwischen Hutts und Hynestianern kommt, bringt Kabe-Oyu die königliche Familie von Hynestia in Sicherheit.

RU-RU

PRONOMEN: Sie/ihr
SPEZIES: Imroosianerin
GRÖSSE: Unbekannt
ZUGEHÖRIGKEIT: Jedi-Orden
ERSTES AUFTRETEN: ARdG1

Die gutherzige Ru-Ru ist Archivarin des Jedi-Außenpostens auf Banchii. Sie hilft den anderen Jedi dabei, Informationen zu finden, und pflegt gute Kontakte zu den Zivilisten dort. Ru-Ru hilft im Kampf gegen die Drengir und bei der Evakuierung der Siedler, als die Nihil auf Banchii einfallen.

MIKKEL SUTMANI

PRONOMEN: Er/ihn
SPEZIES: Ithorianer
GRÖSSE: 1,90 m
ZUGEHÖRIGKEIT: Jedi-Orden
ERSTES AUFTRETEN: S: Av

Meister Mikkel Sutmani ist einer mehrerer Jedi-Piloten, die während der Großen Katastrophe Passagiere in den Trümmern eines Frachtschiffs retten. Später wird Mikkel beim Fliegen seines Langträgers von einem der Nihil getötet, als diese die Republik-Schau auf Valo angreifen.

DAL AZIM

PRONOMEN: Er/ihn
SPEZIES: Mensch
GRÖSSE: 1,68 m
ZUGEHÖRIGKEIT: Jedi-Orden
ERSTES AUFTRETEN: OL

Padawan Dal Azim und sein Meister Oppo Rancisis bekommen es bei einer ihrer Missionen mit einer Bande von kriminellen Zygerrianern zu tun. Dal nutzt die Macht, um die Fessel um den Hals einer gefangenen Jugendlichen zu lösen, deren Name Lourna Dee lautet.

»NUN WIRD ALLES GUT WERDEN.«

– Dal Azim zu Lourna Dee

TE'AMI

PRONOMEN: Sie/ihr
SPEZIES: Duros
GRÖSSE: 1,73 m
ZUGEHÖRIGKEIT: Jedi-Orden
ERSTES AUFTRETEN: S: Av

Jedi-Pilotin Te'Ami wird während der Großen Katastrophe als Teil einer Langträger-Staffel entsandt. Sie zieht Pilot Mikkel Sutmani wegen seiner Nettigkeit ihr gegenüber auf, will aber gern weitere Einsätze mit ihm fliegen. Bevor sie jedoch die Chance erhält, erwischt eine Rakete von Lourna Dees Kreuzer ihr Schiff.

GRISWAL

PRONOMEN: Sie/ihr
SPEZIES: Unbekannt
GRÖSSE: 71 cm
ZUGEHÖRIGKEIT: Jedi-Orden
ERSTES AUFTRETEN: DHRA: DgB

Die betagte Jedi-Meisterin Griswal ist an Bord der *Voyager Dawn* und nimmt an einer Meditationsklausur für ältere Jedi teil, als es zur Großen Katastrophe kommt. Sie versteckt sich in der Gartenanlage des Kreuzers und hat zu viel Angst vor den Trümmern, die das Schiff treffen, um es zu verlassen. Doch mit Kantam Sys Hilfe bahnt sich Griswal ihren Weg aus dem beschädigten Schiff.

DEZ RYDAN

PRONOMEN: Er/ihn
SPEZIES: Mensch
GRÖSSE: 1,75 m
ZUGEHÖRIGKEIT: Jedi-Orden
ERSTES AUFTRETEN: IdD

Der liebenswerte, talentierte Dez Rydan gerät in die Fänge der Drengir und wird gezwungen, gegen Padawan Reath Silas zu kämpfen. Dieser rettet ihn, aber Dez spürt, dass er von den Drengir zu stark beeinflusst wurde und seine Verbindung zur Macht Schaden genommen hat. So legt er den Barash-Eid ab und verschreibt sich jahrelanger Meditation.

DOUGLAS SUNVALE

PRONOMEN: Er/ihn
SPEZIES: Mensch
GRÖSSE: 1,83 m
ZUGEHÖRIGKEIT: Jedi-Orden
ERSTES AUFTRETEN: DB

Jedi-Meister Douglas Sunvale ist Marschall des Jedi-Außenpostens auf der Randwelt Haileap. Er und eine Gruppe junger Jedi – darunter sein Padawan Imri Cantaros – begleiten die diplomatische Delegation von Dalna zur Starlight, aber ihr Schiff wird von den Nihil sabotiert. Douglas opfert sich, um Imri und anderen zu helfen, eine Rettungskapsel zu erreichen.

»ES GIBT NICHTS ZU BEFÜRCHTEN!« – **Douglas Sunvale**

KLIAS TERADINE

PRONOMEN: Er/ihn
SPEZIES: Zeltroner
GRÖSSE: 1,73 m
ZUGEHÖRIGKEIT: Jedi-Orden
ERSTES AUFTRETEN: IZdS

Der neugierige Padawan Klias Teradine trainiert im Tempel von Alaris Prime neben Ty Yorrick mit Meister Cibaba. Er führt Ty in einen verlassenen Schrein des Yallow-Kults, um die dunkle Seite zu verstehen und bekämpfen zu können. Doch dunkle Geister ergreifen Besitz von Klias – und Ty ist gezwungen, ihn im folgenden Kampf zu töten.

CIBABA

PRONOMEN: Er/ihn
SPEZIES: Azumel
GRÖSSE: 1,75 m
ZUGEHÖRIGKEIT: Jedi-Orden
ERSTES AUFTRETEN: IZdS

Jedi-Meister Cibaba unterweist im Jedi-Tempel auf Alaris Prime die spätere Monsterjägerin Ty Yorrick und den Padawan Klias Teradine. Er zeigt Ty, wie man eine Verbindung zu Tieren aufbaut, was ihr später im Leben hilft, auch wenn sie keine Jedi mehr ist.

TABAKAN PAK

PRONOMEN: Er/ihn
SPEZIES: Dug
GRÖSSE: 1,09 m
ZUGEHÖRIGKEIT: Jedi-Orden

ERSTES AUFTRETEN:
DHRA (PI)

Meister Tabakan Pak fliegt zusammen mit Meister Obratuk Glii das Ausbildungsschiff *Star Hopper*. Er ist einer der Jedi, die die Padawane Qort und Farzala Tarabal nach dem erfolgreichen Abschluss ihrer Ausbildung an Bord der *Star Hopper* in den Ritterstand erheben.

REGALD COLL

PRONOMEN: Er/ihn
SPEZIES: Mensch
GRÖSSE: 1,70 m
ZUGEHÖRIGKEIT: Jedi-Orden

ERSTES AUFTRETEN:
DgS

Jedi-Ritter Regald Coll macht gern Witze – sogar in Gegenwart des Feindes. Sein feiner Sinn für Humor ist ungewöhnlich für einen Jedi und bricht sich selbst unter Druck noch Bahn. Auf der Starlight bewacht er die Gefangenen Nan und Chancey Yarrow. Als die Nihil die Station angreifen, geht Regald einer seltsamen Störung der Macht nach und fällt den Namenlosen zum Opfer.

LARET SOVERAL

PRONOMEN: Sie/ihr
SPEZIES: Mensch
GRÖSSE: 1,68 m
ZUGEHÖRIGKEIT: Jedi-Orden

ERSTES AUFTRETEN:
IdD

Meisterin Laret Soveral bildet Orla Jareni zur Jedi aus. Die beiden geraten manchmal aneinander, besonders wenn Laret von Orlas vielen Fragen frustriert ist. Doch Laret ist bekannt für ihre Geduld und lässt ihrer Padawanschülerin genügend Raum. Sie begleitet Orla und Cohmac Vitus auf ihrer Mission, die Anführer der Krieg führenden Planeten Eiram und E'ronoh zu retten.

»EIN JEDI ZU SEIN, HEISST ZU DIENEN«

– Laret Soveral

BIBS

PRONOMEN: Er/ihn
SPEZIES: Bravaisianer
GRÖSSE: 1,52 m
ZUGEHÖRIGKEIT: Jedi-Orden

ERSTES AUFTRETEN:
DHRA (PI)

Padawan Bibs lernt auf dem Ausbildungsschiff *Star Hopper* von Yoda, Torban Buck und Lula Talisola, was es heißt, ein Jedi zu sein. Bib setzt das Gelernte in die Tat um, als er auf dem Planeten Dol'har Hyde einem Notruf nachgeht und Krix Kamerats Nihil-Versteck findet.

MIRRO LOX

PRONOMEN: Er/ihn
SPEZIES: Mensch
GRÖSSE: 1,83 m
ZUGEHÖRIGKEIT: Jedi-Orden
ERSTES AUFTRETEN: GvLuL

Jedi-Meister Mirro Lox, ein stattlicher, charismatischer Anführer, wurde einige Jahre vor Avar Kriss, Elzar Mann und Stellan Gios im Tempel auf Coruscant unterwiesen. Mirro und sein junger Padawan Amadeo Azzazzo waren auf einer längeren Mission und daher zunächst nicht in die jüngsten Auseinandersetzungen des Ordens mit den Nihil involviert. Doch als der Rat alle Mitglieder nach Coruscant zurückbeordert, bietet Mirro mit Amadeo seine Hilfe an.

»WIR MÜSSEN UNS WAPPNEN. ICH FÜRCHTE, ES KOMMEN HERAUSFORDERUNGEN AUF UNS ZU, WIE WIR SIE NIE ZUVOR GESEHEN HABEN.«

– Mirro Lox

AMADEO AZZAZZO

PRONOMEN: Er/ihn
SPEZIES: Mensch
GRÖSSE: 1,73 m
ZUGEHÖRIGKEIT: Jedi-Orden
ERSTES AUFTRETEN: GvLuL

Amadeo Azzazzo ist der Padawan von Jedi-Meister Mirro Lox. Der stets abenteuerlustige Amadeo ist auch sehr wissbegierig und will mehr über andere Kulturen erfahren. Als alle Jedi nach Coruscant zurückgerufen werden, erhalten Amadeo und sein Meister eine neue Mission, um im Kampf gegen die Nihil und die Namenlosen zu helfen – Feinde, auf die Amadeo zuvor noch nicht getroffen ist.

»DIE MACHT IST MEIN ANKER.«

– Amadeo Azzazzo

GAVI

PRONOMEN: Er/ihn
SPEZIES: Mensch
GRÖSSE: 1,57 m
ZUGEHÖRIGKEIT: Jedi-Orden
ERSTES AUFTRETEN: FvV

Jüngling Gavi ist einer der besten Schüler seines Jahrgangs im Jedi-Außenposten auf Valo. Als die Nihil den Planeten angreifen, muss er miterleben, wie die Namenlosen seinen Jedi-Meister töten. Dieses Ereignis erschüttert seine Verbindung zur Macht und lässt den selbstbewussten Gavi ängstlich werden. Er und seine Freunde Tep Tep und Kildo fliehen und verstecken sich in den Bergen, ehe sie sich zu den Ruinen des Zoos der Stadt Lonisa begeben, der einst Teil der Republik-Schau war.

TEP TEP

PRONOMEN: Sie/ihr
SPEZIES: Alcedianerin
GRÖSSE: 1,50 m
ZUGEHÖRIGKEIT: Jedi-Orden
ERSTES AUFTRETEN: FvV

Zusammen mit ihren Freunden Kildo und Gavi ist Tep Tep einer der Jünglinge, die sich auf Valo vor den Nihil verstecken. Die drei leben auf dem zerstörten Gelände der Republik-Schau, das sie sich mit aus dem Zoo entkommenen Kreaturen teilen. Tep Tep hat keine Angst vor den wilden Nachbarn – darunter Acklays, Rathtare, Sanvals und Hraghippen –, weil sie eine besondere Machtverbindung zu Tieren hat. Sie möchte diese Fähigkeit nutzen, um sich um kleine wie große Kreaturen zu kümmern.

KILDO

PRONOMEN: Er/ihn
SPEZIES: Alcedianer
GRÖSSE: 1,50 m
ZUGEHÖRIGKEIT: Jedi-Orden
ERSTES AUFTRETEN: FvV

Kildo ist ein spitzbübiger Jüngling vom Jedi-Außenposten auf Valo, der mit der Macht anderen gern Streiche spielt. Er zieht sich mit seinen Freunden Gavi und Tep Tep in die Berge zurück, als die Nihil auf dem Planeten einfallen. Nachdem sie sich monatelang versteckt haben, hören die drei Gerüchte über eine rätselhafte Person namens »Scarlet Skull«, die sich gegen die Invasoren zur Wehr setzt. Den drei Freunden machen deren tapfere Taten Mut, und sie entschließen sich, in die Stadt zurückzukehren.

NOOA

PRONOMEN: Sie/ihr
SPEZIES: Urodel
GRÖSSE: 1,68 m
ZUGEHÖRIGKEIT: Jedi-Orden
ERSTES AUFTRETEN: TfGE: LC

Jedi-Padawan Nooa ist eine Urodel. Sie ist neugierig und möchte ihre Fertigkeiten im Umgang mit dem Lichtschwert verbessern, doch es fällt ihr schwer, sich in Geduld zu üben. Sie begleitet ihre Meisterin, die Jedi Ady Sun'Zee, nach Valron, wo Ady einst mit ihrer verstorbenen Lehrmeisterin Sylwin trainierte.

»ICH MEINE, ICH WEISS, DASS WIR FRIEDENSHÜTER SIND, ABER WIE SOLLEN WIR DEN FRIEDEN BEWAHREN, OHNE STÄRKE ZU ZEIGEN?« – **Nooa**

DAGAN GERA

JEDI-ENTDECKER

PRONOMEN: Er/ihn
SPEZIES: Arkanianischer Abkömmling
GRÖSSE: 1,80 m
ZUGEHÖRIGKEIT: Jedi-Orden
ERSTES AUFTRETEN: J: S

Jedi-Ritter Dagan Gera ist auf der Randwelt Koboh stationiert. Er und seine Partnerin, die Wissenschaftlerin Santari Khri, sind Teil eines Forschungsteams, das ein seltsames Element studiert, die sogenannte Koboh-Materie. Als sie merken, dass die chaotische Koboh-Kluft jenseits des Planeten aus derselben Substanz besteht, wollen sie Santaris Technologie nutzen, damit Dagan diese als Erster passieren kann, um zu erkunden, was dahinter liegt.

TEMPEL VON TANALORR

Jenseits der Kluft entdeckt Dagan eine wunderschöne Welt, die er »Tanalorr« nennt. Er zeichnet die Reise auf einem von Santaris Kompassen auf, damit ihre republikanischen Partner folgen können. Dagan ersucht den Jedi-Orden, einen neuen Tempelaußenposten auf Tanalorr zu errichten, um dort Jünglinge auszubilden, und der Bau beginnt. Doch die Nihil finden Tanalorr und greifen den Tempel an. Der Jedi-Rat ordnet an, dass Dagan und Santari den Planeten verlassen und Santaris Kompasse zerstören, da sich die Welt nur mit ihnen erreichen lässt. Der erzürnte Dagan wendet sich daraufhin gegen die Jedi und wird von Santari besiegt, die ihn zur Heilung in einem Bacta-Tank auf Koboh zurücklässt.

»UNSER TEMPEL WIRD EIN BOLLWERK FÜR DEN ORDEN, HIER AN DER GALAKTISCHEN GRENZE.«

– Dagan Gera

SANTARI KHRI

RENOMMIERTE JEDI-WISSENSCHAFTLERIN

PRONOMEN: Sie/ihr
SPEZIES: Mensch
GRÖSSE: 1,70 m
ZUGEHÖRIGKEIT: Jedi-Orden
ERSTES AUFTRETEN: J: S

Die bekannte Wissenschaftlerin Santari Khri leitet ein Forschungsteam von Republik und Jedi, das die einzigartigen Eigenschaften von Koboh-Materie analysiert, ein Element aus dem Koboh-System. Mit ihrem Partner, dem Jedi Dagan Gera, baut Santari riesige Anlagen, die eine Passage durch die Koboh-Kluft ermöglichen. So gelingt es den Jedi, die verborgene Welt Tanalorr zu finden, wo sie einen Ausbildungstempel errichten.

GETRENNTE WEGE

Als durch eine Emergenz – das Austreten von Trümmern aus dem Hyperraum – Kobohs Mond getroffen wird, zwingt die folgende Katastrophe Jedi und Republik, Koboh zu evakuieren. Santari bleibt nicht genug Zeit, um sich zu der Einrichtung zu begeben, in der der verletzte Dagan heilt. Stattdessen schickt sie den Droiden ZN-A4 los, um ihn aufzuwecken, sobald es sicher ist. Doch unterwegs stürzen Gebäude ein und ZN-A4 sitzt in der Falle, sodass Dagan auf dem Planeten verbleibt, während Santari nach Coruscant zurückkehrt.

Jahrhunderte später nutzen Prospektoren und Siedler, die sich auf Koboh niederlassen wollen, Santaris Forschungsergebnisse, um den Planeten zu erkunden.

»KAUM ZU GLAUBEN, DASS DIESES PARADIES AUF DER ANDEREN SEITE DER KLUFT AUF UNS GEWARTET HAT!«

– Santari Khri

KAI BRIGHTSTAR

PRONOMEN: Er/ihn
SPEZIES: Mensch
GRÖSSE: 1,30 m
ZUGEHÖRIGKEIT: Jedi-Orden
ERSTES AUFTRETEN: AdjJ

Jüngling Kai Brightstar trainiert zusammen mit seinen Freunden Lys und Nubs unter Meister Yoda und Meisterin Zia. Mitunter will er Dinge probieren, für die er nicht bereit ist – doch nur, weil er sich so danach sehnt, ein echter Jedi zu sein. Nach einem Scheitern entwickelt Kai mehr Vertrauen in sich und die Macht. Als er auf einer Mission sein Lichtschwert verliert, überlässt Yoda ihm das Schwert, das er selbst vor vielen Jahren als Jüngling benutzt hat.

»ATMEN, RUHIG BLEIBEN UND EINANDER VERTRAUEN.«

– **Kai Brightstar**

LYS SOLAY

PRONOMEN: Sie/ihr
SPEZIES: Pantoranerin
GRÖSSE: 1,20 m
ZUGEHÖRIGKEIT: Jedi-Orden
ERSTES AUFTRETEN: AdjJ

Lys Solay ist ein Jüngling des Jedi-Tempels auf dem Planeten Tenoo. Mit ihren Freunden Kai und Nubs arbeitet sie eifrig daran, den Umgang mit der Macht zu erlernen. Lys selbst befolgt gern die Regeln, ist aber stets bereit, ihren Kameraden zu helfen, wenn diese sich in Schwierigkeiten bringen. Lys ist stolz auf ihre besondere Beziehung zu Tieren, speziell zu den heimischen Kreaturen auf Tenoo.

»ICH SUCHE EIN TOOKA-KÄTZCHEN, DAS WEGGELAUFEN IST. WAR ES HIER?«

– **Lys Solay**

NUBS

PRONOMEN: Er/ihn
SPEZIES: Pooba
GRÖSSE: 74 cm
ZUGEHÖRIGKEIT: Jedi-Orden
ERSTES AUFTRETEN: AdjJ

Nubs ist klein, aber superstark! Er wird mit seinen Freunden Kai und Lys zum Jedi ausgebildet. Nubs spricht nicht dieselbe Sprache wie seine Kameraden, aber er ist sehr ausdrucksstark, sodass jeder versteht, was er sagen will. Manchmal ist er etwas tollpatschig, aber er kommt immer wieder auf die Beine. Als Naturliebhaber lässt Nubs sich auf Missionen schon mal von duftenden Pflanzen ablenken. Aber seine Freunde wissen, sie können immer auf ihn zählen.

NASH DURANGO

PRONOMEN: Sie/ihr
SPEZIES: Mensch
GRÖSSE: 1,20 m
ZUGEHÖRIGKEIT: Galaktische Republik
ERSTES AUFTRETEN: AdjJ

Pilotin Nash Durango fliegt zusammen mit ihrem Droiden RJ-83, der oft auf ihrer Schulter hockt, die *Crimson Firehawk*. Das Fliegen lernte die selbstbewusste Nash von ihren beiden Müttern, die einen Shuttleservice betreiben. Auf ihren Reisen im Äußeren Rand liebt sie es, durchs All zu düsen. Nash und RJ sind gut mit vielen Jedi-Jünglingen befreundet, die im Tempel auf Tenoo ausgebildet werden, darunter Kai, Lys und Nubs.

»ICH SOLL RÜBERFLIEGEN UND EUCH HELFEN? DIE PILOTIN EURES VERTRAUEN KOMMT!«

– Nash Durango

KAPITEL 2

GEGNER DER JEDI

Die Jedi der Hohen Republik haben es mit Piraten, Gesetzlosen, Marodeuren und Monstern zu tun. Einige dieser Gegner halten sich am Rand des republikanischen Raums auf, andere schlummern jahrhundertelang, bis sie wieder erweckt werden.

PIRATEN

Die größte Bedrohung sind die Nihil, eine Gruppe Chaos stiftender Piraten. Sie kämpfen, um zu plündern und von ihresgleichen respektiert (und gefürchtet) zu werden. Marchion Ro, das Auge der Nihil, behauptet sich an ihrer Spitze, weil er eine mysteriöse Quelle wertvoller Hyperraumpfade hat.

MONSTER

Generationen vor dem Bau der Starlight-Station entdeckt ein Kult, der Pfad der Offenen Hand, geheimnisvolle Kreaturen, die sich von der Macht ernähren und als Namenlose bekannt sind. Sie sind lebendige Waffen gegen Machtnutzer.

Die Drengir, eine Spezies von Pflanzenwesen, haben einen ähnlich unstillbaren Appetit auf lebende Beute. Ihre Affinität zur dunklen Seite wird über die starke Bindung zu ihrer Großen Stammmutter an sie weitergegeben.

KRIMINELLE

Unter großen Banden, kleinen Schmugglern, Gesetzlosen und Dieben florieren die Geschäfte. Viele von ihnen lassen sich bei ihren Unterwelt-aktivitäten von nichts aufhalten. Auch die Jedi auf der Höhe ihrer Macht werden ob dieser düsteren Gefahren stets einen Anlass zur Furcht haben.

PFAD DER OFFENEN HAND

Die Jedi sind bei Weitem nicht die Einzigen in der Galaxis, bei denen die Macht im Mittelpunkt steht. Der Pfad der Offenen Hand ist ein kleiner Kult, der sich auf Dalna niedergelassen hat. Die Lügen ihrer Anführerin, der »Mutter«, lassen ihn mit den Jedi aneinandergeraten. Die Mitglieder führen ein einfaches Leben, doch einen Luxus gönnt sich der Pfad: sein Flaggschiff, die *Gaze Electric.*

ANSICHTEN ÜBER DIE MACHT

Statt ihren ureigenen Weg zu finden, die Macht zu verstehen oder sich mit ihr zu verbinden, ist es Anhängern des Pfads gänzlich verboten, sie zu nutzen. Sie erkennen ihre mystische Kraft an und verehren sie, glauben jedoch, dass sie zu nutzen – selbst um anderen zu helfen – stets irgendwo anders Schaden anrichtet. Weil die Jedi derart oft auf ihre Verbindung zur Macht zurückgreifen, sieht der Pfad sie als Feinde an, die die Macht aus dem Gleichgewicht bringen und für mehr Leid in der Galaxis sorgen.

Pfadanhänger ehren »Geschenke aus freien Stücken« und reichen kleine Dinge wie Blumen dar. Sie führen ein bescheidenes Leben in ihrer familiären Gemeinschaft auf Dalna, umgeben von Feldern, die sie pflegen. Kinder werden von Mitgliedern des Kults in Gruppen unterrichtet.

BRUTALE SCHATTENSEITE

Der Pfad der Offenen Hand wird von Elecia Zeveron angeführt, die ihre Anhänger nur Mutter nennen. Sie verbirgt vor ihnen, dass sie leicht machtsensitiv ist, und setzt heimlich ihre Fähigkeiten ein, um ihre Anhänger zu täuschen

und ihre Großzügigkeit auszunutzen. Nummer zwei des Pfads ist der Herold, ein imposanter Nautolaner mit geheimnisvoller, von Gewalt geprägter Vergangenheit.

Die Mutter gibt vor, an die Gesetzte des Pfads zu glauben. Sie sagt, dass der Verzicht auf den Gebrauch der Macht ein Schritt in Richtung Frieden sei. Zugleich schürt sie jedoch Gewalt. Sie bildet aus einigen Kultmitgliedern eine als »die Kinder« bekannte Gruppe. Diese stehlen wertvolle Machtartefakte und horten Waffen. Die Mutter hat zudem Handlanger in der ganzen Galaxis. Sie stiften Chaos, aus dem die Mutter einen Vorteil ziehen kann – wie im Falle des Kriegs zwischen den Planeten Eiram und E'ronoh, der Jedi und Republik schwächt. Andere Mitglieder des Pfads wissen nicht, was die Kinder tun. Tatsächlich kennt niemand im Pfad die wahre Herkunft der Mutter, bis ihre Schwester, die Jedi Oliviah, sie trifft. Oliviah offenbart, dass Elecia ihre Absichten und die eigene Machtsensitivität verborgen hat.

BLUTIGES VERMÄCHTNIS

Die Wahrheit über die Mutter führt zum Ende des Pfads der Offenen Hand, doch der Einfluss des Kults auf die Galaxis lebt weiter. Die wahre Gläubige Marda Ro wandelt ihn in den Pfad der Geschlossenen Faust um, was letztlich zur Gründung der Nihil führt. Generationen später teilt eine als die Ältesten des Pfads bekannte Gruppe ähnliche Ansichten über die Macht und verbietet ihren Mitgliedern deren Nutzung.

ELECIA ZEVERON

DIE MUTTER

PRONOMEN: Sie/ihr
SPEZIES: Mensch
GRÖSSE: 1,60 m

ZUGEHÖRIGKEIT: Pfad der Offenen Hand
ERSTES AUFTRETEN: DPdT

Elecia Zeveron verwandelt den Pfad der Offenen Hand von einer genügsamen Gemeinschaft in einen mächtigen Kult. Doch die Betrügerin will nur Reichtum für sich selbst anhäufen. Dafür benutzt sie den Pfad und beeindruckt dessen Mitglieder mit verborgenen Machtkräften, die ihr helfen, während einer kargen Zeit einen üppigen Garten erblühen zu lassen. Elecia, die sich selbst »Mutter« nennt, sagt ihren neuen Anhängern, dass sie keinerlei Gebrauch der Macht toleriert. Die Mutter stellt auch die »Kinder« zusammen, eine Bande junger Diebe innerhalb des Kults. Heimlich stehlen diese Machtartefakte für sie, und Elecias Einfluss und Reichtum wachsen.

SCHLAGABTAUSCH AUF JEDHA

Als sie gezwungen sind, im Schiff des Kults, der *Gaze Electric,* vom Planeten Dalna zu fliehen, führt die Mutter den Pfad der Offenen Hand nach Jedha. Dort gerät dieser mit dem Konvent der Macht aneinander, einer Zusammenkunft verschiedener Machtgruppierungen. Der alte Anführer des Pfads, der Herold – der nun der Mutter untersteht –, drängt den Pfad mehr in die Öffentlichkeit und zu mehr Gewalt.

WAHRHEIT UND RACHE

Letztlich spitzt der Konflikt zwischen dem Pfad der Offenen Hand und dem Konvent sich zu und Elecia wendet sich vom Herold ab. Doch später, als Elecias Schwester, die Jedi-Ritterin Oliviah Zeveron, die Mutter als Scharlatanin enthüllt, ist er zugegen – ebenso wie die loyale Anhängerin Marda Ro. Für sie ist die Wahrheit zu viel. Sie lässt den als Gleichmacher bekannten Namenlosen auf die Mutter los und beendet so deren Herrschaft.

»DIE MACHT HAT GESPROCHEN.«

– Elecia Zeveron

YANA RO

INNERLICH ZERRISSENES PFADMITGLIED

PRONOMEN: Sie/ihr
SPEZIES: Evereni
GRÖSSE: 1,70 m
ZUGEHÖRIGKEIT: Pfad der Offenen Hand
ERSTES AUFTRETEN: DPdT

Yana Ro und ihre Cousine Marda Ro kamen in sehr jungem Alter zum Pfad der Offenen Hand und erfreuen sich des friedlichen Lebens dort. Yana und ihre Freundin Kor Plouth schließen sich den Kindern an, einer Gruppe von deren Anführerin, der Mutter, erwählten Mitgliedern des Pfads. Sie stehlen Machtartefakte, wobei Yana gesicherte Datenterminals hackt.

LÜGENGEBILDE

Yana glaubt nicht an das Credo des Pfads, man dürfe die Macht nicht benutzen. Sie will ihn eines Tages verlassen und mit Marda und Kor ein neues Leben starten. Als Kor bei einer Mission getötet wird und sich zeigt, dass die Mutter die Artefakte nur ihre Zwecke will, stellt Yana alles infrage.

»ICH MUSS DORT DRAUSSEN SEIN, FREI, MEINEN EIGENEN WEG ZU ENTDECKEN.« – Yana Ro

MARDA RO

FÜHRERIN DES PFADS

PRONOMEN: Sie/ihr
SPEZIES: Evereni
GRÖSSE: 1,68 m
ZUGEHÖRIGKEIT: Pfad der Offenen Hand, Pfad der Geschlossenen Faust
ERSTES AUFTRETEN: DPdT

Marda Ro glaubt wahrhaft an die Mission des Pfads der Offenen Hand. Sie wuchs von klein auf innerhalb des Kults auf und kennt nichts anderes. Für sie ist der Pfad eine Zuflucht vor einer Welt, die Evereni wie sie hasst und fürchtet. Marda ist naiver und leichter zu beeindrucken als ihre Cousine Yana Ro und möchte als eines der Kinder in deren Fußstapfen treten, da sie glaubt, die Gruppe verkünde anderen die Lehren des Pfads. Marda hat eine kurze Romanze mit dem Jedi Kevmo Zink. Doch sie glaubt fest an die Philosophie des Pfads, dass der Gebrauch der Macht falsch ist, und gibt den Jedi später die Schuld an seinem Tod.

»DIE MACHT MUSS FREI SEIN.«

– Marda Ro

EIN NEUER PFAD

Marda ändert ihre Meinung über den Pfad, als Yana sie überzeugt, dass die Mutter eine Betrügerin ist, der alle ihre Anhänger völlig egal sind. Marda ist außer sich und lässt einen Namenlosen, den Gleichmacher, auf die Mutter los. Dann nimmt sie sich das Flaggschiff des Pfads, die *Gaze Electric,* und bricht auf ins All, um gegen die Jedi zu kämpfen. Jahre später wird ein Nachfahre von ihr geboren – Marchion Ro.

DER HEROLD

DIE FAUST DES PFADS

PRONOMEN: Er/ihn
SPEZIES: Nautolaner
GRÖSSE: 1,93 m
ZUGEHÖRIGKEIT: Pfad der Offenen Hand
ERSTES AUFTRETEN: DPdT

Der Herold ist die ernste und ruhige Nummer zwei im Pfad der Offenen Hand. Selbst im Angesicht großer Tragödien bleibt er eiskalt und ist bereit, andere zu verletzen, um seine Ziele zu erreichen. Zu seiner geheimnisvollen Vergangenheit gehört, dass er einige Zeit der ursprüngliche Anführer des Pfads war. Als die Mutter hinzukommt, lässt er ihr beeindruckt von ihren scheinbaren Heilkräften den Vortritt.

KONFLIKT IN DER SEKTE

Auf Jedha facht der Herold einen Aufstand vor den Türen des Konvents der Macht an. Er verbündet sich mit Pfadmitglied Yana Ro, erfährt, dass die Mutter sie angelogen und den Tod seiner Tochter Kor zu verantworten hat und wartet auf den richtigen Moment, die Mutter offen anzugreifen.

»ES IST GENAUSO WICHTIG, SICH EIN ZUHAUSE ZU SCHAFFEN, SICH UND ANDEREN RAUM ZU GEBEN, WIE ES MITUNTER NÖTIG IST ZU KÄMPFEN.« – **Der Herold**

VOLLSTRECKERDROIDEN

KRIEGSMASCHINEN

TYP: Kampfdroide
GRÖSSE: 1,83 m
ZUGEHÖRIGKEIT: Pfad der Offenen Hand, Pfad der Geschlossenen Faust

ERSTES AUFTRETEN: DSvJ

Der Pfad der Offenen Hand setzt Vollstreckerdroiden ein, um gegen Feinde zu kämpfen und Chaos während der Konflikte auf Dalna und Jedha zu stiften. Die robusten und agilen Droiden kommen schnell wieder auf die Beine, wenn sie umgehauen werden. Ihre eingebauten Armblaster geben tödliche Schüsse ab und ihre starke Panzerung hält zahlreichen Treffern stand.

»LEGT EURE WAFFEN NIEDER ODER IHR WERDET ZERSTÖRT.«

– **Vollstreckerdroide**

FRONTKÄMPFER

Der Pfad bringt Vollstreckerdroiden nach Dalna, indem er sie in Kisten versteckt, die eigentlich für Reis bestimmt sind. Die Droiden greifen in den Kampf des Kults gegen die Jedi ein, wo sie die Jedi mit ihrer robusten Panzerung und schierer Zahl fast überwältigen. Die meisten werden zwar zerstört, aber einige verbleiben in Diensten der Familie Ro. Rund 150 Jahre später bilden Droiden dieser Art einen Teil der Crew von Marchion Ros *Gaze Electric*.

ORANALLI

PRONOMEN: Er/ihn
SPEZIES: Dressellianer
GRÖSSE: 1,75 m
ZUGEHÖRIGKEIT: Tempel des Kyber
ERSTES AUFTRETEN: DHR (PII)

Oranalli ist Archivar im Tempel des Kyber in der Heiligen Stadt auf Jedha. Heimlich hilft er aber Mitgliedern des Pfads der Offenen Hand, Artefakte zu stehlen. Als Padawan Matthea Cathley und Jedi Vildar Mac kommen, um ein Objekt zu melden, von dem sie glauben, dass es aus dem Tempel gestohlen wurde, schiebt er Tey Sirrek, einem ehemaligen Wächter der Whills, die Schuld in die Schuhe, um von sich abzulenken. Seine selbstsüchtige Art holt ihn jedoch ein. Nach der Schlacht von Jedha wird er vom Herold des Pfads der Offenen Hand verraten und getötet.

Spezialbrille hilft, Dokumente und Relikte zu erfassen und katalogisieren.

»ICH HABE MEINEN TEIL DER ABMACHUNG ERFÜLLT UND EUCH DEN STAB AUF DEM SILBERTABLETT PRÄSENTIERT.«

– Oranalli zu Yana Ro

BINNOT ULLO

PRONOMEN: Er/ihn
SPEZIES: Mirialaner
GRÖSSE: 1,88 m
ZUGEHÖRIGKEIT: Pfad der Offenen Hand
ERSTES AUFTRETEN: DVs

Als Mitglied des Pfads der Offenen Hand und ein getreuer Diener der Mutter trägt Binnot ein Geheimnis mit sich herum: Er ist machtsensitiv! Binnot hilft, Axel Greylark, Sohn von Kanzlerin Kyong Greylark, für den Pfad zu gewinnen, als sie beide Jugendliche sind. Doch er nimmt Axel sein privilegiertes Leben zunehmend übel – und dass die Mutter so großes Interesse an ihm zeigt. Binnot, der stets nach mehr Macht strebt und die Mutter beeindrucken will, transportiert für sie Biowaffen und Vollstreckerdroiden. Doch seine Verachtung für Axel und seine geheimen Machtkräfte bringen ihn letztlich zu Fall.

»ENTWEDER KÄMPFST DU, ODER DU BIST NUTZLOS. DAFÜR BRAUCHT MAN DICH. DAS IST, WAS DER PFAD VERLANGT. DIE ZEIT, FRIEDLICH PFLANZEN ANZUBAUEN UND DEN REST DER GALAXIS UNSEREN GLAUBEN MIT FÜSSEN TRETEN ZU LASSEN, IST VORBEI.«

– Binnot Ullo

FEL IX

PRONOMEN: Er/ihn
SPEZIES: Kessarine
GRÖSSE: 1,63 m
ZUGEHÖRIGKEIT: Pfad der Offenen Hand
ERSTES AUFTRETEN: DPdT

Fel Ix und seine Partner Er Dal und Ferize sind liebende Eltern von fünf Jungen, die als Teil des Pfads der Offenen Hand aufwachsen. Obwohl seine Partner und drei der Jungen vom Jedi Kevmo Zink aus einer überfluteten Höhle gerettet werden, legt Fel Ix seinen Hass auf die Jedi nicht ab. Später trägt die Mutter ihm auf, sich in republikanische Kom-Baken zu hacken. Im folgenden Abenteuer lässt die Jedi Rooper Nitani Zweifel an seinen lang gehegten Überzeugungen aufkommen. Fel Ix beschließt, den Pfad und seine extremem Ansichten hinter sich zu lassen, bleibt jedoch der Macht ergeben.

»WIR GLAUBEN, DASS DIE MACHT ALLES UMFASST.«

– Fel Ix

KOR PLOUTH

PRONOMEN: Sie/ihr
SPEZIES: Nautolanerin
GRÖSSE: 1,78 m
ZUGEHÖRIGKEIT: Pfad der Offenen Hand
ERSTES AUFTRETEN: DPdT

Kor Plouth gehört zu den Kindern der Mutter, die für ihren Kult, den Pfad der Offenen Hand, Machtartefakte stehlen. Kor ist schwach machtsensitiv, was ihr hilft, die Objekte zu erkennen. Ihr akrobatisches Geschick erlaubt es ihr zudem, an jene an schwer erreichbaren Orten heranzukommen. Sie ist gläubige Anhängerin des Pfads und wie ihr Vater, der Herold, glaubt sie an die Kräfte der Mutter. Kors eigene Mutter, Opari, ist krank, und sie vertraut darauf, dass die Mutter sie heilen wird. Kor träumt davon, mit ihrer Partnerin Yana Ro die Galaxis zu erkunden und die Kunde des Pfads zu verbreiten. Aber ihre Träume bleiben unerfüllt, da sie ein vorzeitiger Tod ereilt.

»DIE MACHT MUSS FREI SEIN, UND ICH WILL AUCH, DASS SIE FREI IST.«

– Kor Plouth

SHEA GANANDRA

PRONOMEN: Sie/ihr
SPEZIES: Mensch
GRÖSSE: 1,68 m
ZUGEHÖRIGKEIT: Pfad der Offenen Hand
ERSTES AUFTRETEN: DHR (PII)

Technikerin Shea Ganandra wird als Diebin in Reihen der Kinder, einer Bande innerhalb des Pfads der Offenen Hand, rekrutiert. Sie fliegt mit Marda Ro und dem Prospektor Radicaz »Sunshine« Dobbs zum Planeten X, um Eier der Namenlosen einzusammeln. Nach der Schlacht von Dalna verlässt Ganandra den Pfad, um ihre Tochter aufzuziehen und mit Yana Ro Frachtaufträge zu übernehmen.

»ICH SCHREIBE HIER DIE BEKANNTEN GESETZE DES HYPERRAUMS NEU.«

– Shea Ganandra

CINCEY

PRONOMEN: Xier/xiem
SPEZIES: Mensch
GRÖSSE: 1,68 m
ZUGEHÖRIGKEIT: Pfad der Offenen Hand
ERSTES AUFTRETEN: DPdT

Cincey kümmert sich beim Pfad der Offenen Hand um die Kommunikation – und zensiert dabei nicht zuletzt die Informationen, die aus der Gemeinschaft des Kults nach außen dringen. Als Mitglied der Kinder stiehlt xier mit Yana Ro, Kor Plouth und Treze Machtartefakte. Cincey nutzt einen Schwebesessel und ist nicht gerade als geduldig bekannt.

»DIE MACHT WIRD DIR DIESE SÜNDE VERZEIHEN.«

– Cincey

TREZE

PRONOMEN: Er/ihn
SPEZIES: Mikkianer
GRÖSSE: 1,65 m
ZUGEHÖRIGKEIT: Pfad der Offenen Hand
ERSTES AUFTRETEN: DPdT

Obwohl Treze den Kindern angehört, glaubt er nicht an das extremistische Ziel der Gruppe, das Nutzen der Macht in der ganzen Galaxis zu stoppen. An Bord des Schiffs der Kinder, der *Harmony,* begibt er sich auf Missionen, um alte Artefakte zu stehlen. Er ist freundlich und keck und lässt eine verzweifelte Freundin zurück, als er bei einer Mission getötet wird.

»DAS WAR EIN GLORREICHES WERK. REIN UND WIEDER RAUS, BEVOR SIE WUSSTEN, WIE IHNEN GESCHAH.«

– Treze

OLD WAIDEN

PRONOMEN: Er/ihn
SPEZIES: Mensch
GRÖSSE: 1,65 m
ZUGEHÖRIGKEIT: Pfad der Offenen Hand
ERSTES AUFTRETEN: DPdT

Old Waiden ist für das Gemeinschaftsessen des Pfads der Offenen Hand zuständig und kocht einfache Mahlzeiten für Feiern wie die Namensgebung neuer Kinder. Er hat ein gutes Verhältnis zu Marda Ro und volles Vertrauen in die Ziele des Pfads. Er weiß, dass die Mutter den Jedi Kevmo Zink getötet hat, und steht weiter zu ihr, da er fest daran glaubt, dass es zum Besten des Pfads war.

»BIST DU VERLETZT, MARDA?«

– Old Waiden

WOLE

PRONOMEN: Er/ihn
SPEZIES: Rodianer
GRÖSSE: 1,70 m
ZUGEHÖRIGKEIT: Pfad der Offenen Hand
ERSTES AUFTRETEN: DHRA: DnS

Wole gehört zu einem von Shalish angeführten Einsatzteam des Pfads der Offenen Hand. Nach dem Angriff eines Namenlosen bittet er die republikanische Ärztin Ambar und die Jedi Xinith Tarl, seinen Freund Geth zu heilen. Wole beginnt, an Shalish zu zweifeln und freundet sich mit dem Jedi Rok Buran an.

FERIZE

PRONOMEN: Sie/ihr
SPEZIES: Kessarine
GRÖSSE: 1,68 m
ZUGEHÖRIGKEIT: Pfad der Offenen Hand
ERSTES AUFTRETEN: DPdT

Ferize zieht in der Gemeinschaft des Pfads der Offenen Hand auf Dalna mit ihren Partnern Fel Ix und Er Dal ihre fünf Jungen auf. Ferize bittet Marda Ro und den Jedi Kevmo Zink um Hilfe, als Er Dal und ihre Jungen in ihrer überfluteten Höhle festsitzen. Als Fel Ix beschließt, den Pfad zu verlassen, stellen sie und Er Dal die Familie über ihren Glauben und wollen mit ihm gehen.

»DAS VERSTEHEN WIR. FAMILIE.«

– Ferize

OPARI

PRONOMEN: Sie/ihr
SPEZIES: Nautolanerin
GRÖSSE: 1,65 m
ZUGEHÖRIGKEIT: Pfad der Offenen Hand
ERSTES AUFTRETEN: DPdT

Opari ist Partnerin des Herolds, der Nummer zwei des Pfads, und Mutter von Kor Plouth. Sie leidet an einer Krankheit, wegen der sie in Salzwasser badet und sich von der Mutter empfohlenen Behandlungen unterzieht. Wenn sie sich gut genug fühlt, freut sie sich, bei Gemeinschaftsveranstaltungen andere Anhänger des Pfads wie Yana Ro zu sehen.

»YANA, DANKE FÜR ALL DEINE HARTE ARBEIT.«

– Opari

ER DAL

PRONOMEN: Er/ihn
SPEZIES: Kessarine
GRÖSSE: 1,57 m
ZUGEHÖRIGKEIT: Pfad der Offenen Hand
ERSTES AUFTRETEN: DPdT

Der Kessarine Er Dal ist Mitglied des Pfad der Offenen Hand und gut darin, Essbares in der Natur zu finden. Nach fast sechs Wochen in ihrer Nistzelle kehren Er Dal und seine Partner Ferize und Fel Ix mit fünf Kindern zurück. Die stolzen Eltern gehören alle dem Pfad an, und ihre Babys werden bei einer Namensgebungsfeier in die Gruppe aufgenommen. Als er nach einem Unglück mit einem Teil der Familie in ihrer Höhle festsitzt, gibt Er Dal tapfer alles, um sie zu beschützen, bis der Jedi Kevmo Zink und Pfadmitglied Marda Ro sie retten.

DELWIN

PRONOMEN: Er/ihn
SPEZIES: Weequay
GRÖSSE: 1,88 m
ZUGEHÖRIGKEIT: Pfad der Offenen Hand
ERSTES AUFTRETEN: DPdT

Als einer der Ältesten des Pfads der Offenen Hand ist Delwin zugegen, als Pfadmitglied Marda Ro die Mutter um Erlaubnis bittet, die Lehren des Pfads auf Jedha verbreiten zu dürfen. Der sonst so undurchsichtige Delwin zeigt sich sichtlich überrascht und fragt Marda nach weiteren Einzelheiten. Später flieht er mit dem Pfad von Dalna nach Jedha.

»ZWEI EVERENI WERDEN AN EINEM ORT WIE JEDHA KAUM UNBEMERKT BLEIBEN.«

– Delwin über Marda und Yana Ro

NADDIE

PRONOMEN: Sie/ihr
SPEZIES: Mensch
GRÖSSE: 1,07 m
ZUGEHÖRIGKEIT: Pfad der Offenen Hand
ERSTES AUFTRETEN: DSvJ

Naddie ist eins der Kinder in der Obhut von Marda Ro, als der Pfad der Offenen Hand auf Jedha eintrifft. Naddie lässt räuberische Wargarane aus ihren Käfigen, weil sie findet, dass sie frei sein sollten. Die Tiere greifen sie an, doch Marda rettet Naddie, bevor das Mädchen ernsthaft verletzt wird. Einige Narben verbleiben allerdings.

»DIE MACHT WIRD FREI SEIN!«

– Naddie

KANE

PRONOMEN: Er/ihn
SPEZIES: Weequay
GRÖSSE: 1,68 m
ZUGEHÖRIGKEIT: Pfad der Offenen Hand
ERSTES AUFTRETEN: DHRA: DnS

Pfadmitglied Kane glaubt, dass die Jedi aufgeblasen, arrogant und heuchlerisch sind. Daher will sie sie nur zu gern vernichten. Als die Namenlosen sowohl die Jedi als auch den Pfad angreifen, legt Kane sich mit Jedi Coron Solstus an. Fast überwältigt er diesen, wird dann aber von Jedi-Meister Rok Buran bezwungen.

SHALISH

PRONOMEN: Sie/ihr
SPEZIES: Mensch
GRÖSSE: 1,68 m
ZUGEHÖRIGKEIT: Pfad der Offenen Hand
ERSTES AUFTRETEN: DHRA: DnS

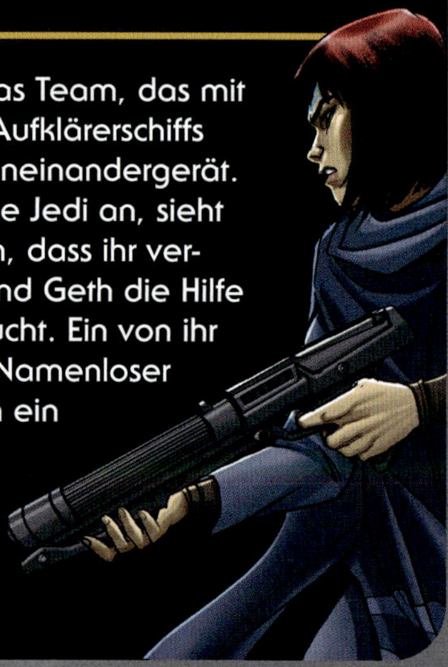

Shalish leitet das Team, das mit der Crew des Aufklärerschiffs *Witherbloom* aneinandergerät. Erst greift sie die Jedi an, sieht aber später ein, dass ihr verwundeter Freund Geth die Hilfe eines Jedi braucht. Ein von ihr transportierter Namenloser bereitet Shalish ein jähes Ende.

SACHAR ROLD

PRONOMEN: Er/ihn
SPEZIES: Unbekannt
GRÖSSE: 1,78 m

ZUGEHÖRIGKEIT: Pfad der Offenen Hand
ERSTES AUFTRETEN: DPdT

Sachar Rold ist der Gründer des Pfads der Offenen Hand. Der ehemalige Wächter der Whills teilte deren Ansichten über die Macht nicht länger und gründete eine Gemeinschaft, die sich vom Gebrauch der Macht abwandte. Rold habe eine Vision lebendigen, blauen Lichts gehabt, die ihn nach Dalna führte. Dort baute er den Pfad an einem Ort auf, von dem er glaubte, dass er seine Anhänger vor Krieg und Leid, wie er es auf Jedha erlebt hatte, beschützen würde. Später, als die Mutter zum Pfad kommt, gibt diese vor, eine ähnliche Vision gehabt zu haben, um ihren Aufstieg an die Macht zu rechtfertigen.

REGNAR PULIP

PRONOMEN: Er/ihn
SPEZIES: Mensch
GRÖSSE: 1,73 m

ZUGEHÖRIGKEIT: Pfad der Offenen Hand
ERSTES AUFTRETEN: DPdT

Regnar Pulip ist der zuverlässigste und reichste Gönner des Pfads der Offenen Hand. Er sichert die Grundversorgung des Kults, finanziert aber auch die zwielichtigen Unternehmungen der »Kinder«. Diese sind eine geheime Bande von Dieben innerhalb des Pfads, die für die Mutter arbeiten und ihr helfen, Machtartefakte aufzuspüren und zu stehlen. Pulips gewaltiger Reichtum verleiht ihm enormen Einfluss, den er nutzt, um ausgewählte Personen in der ganzen Galaxis zu unterstützen.

TROMAK

PRONOMEN: Er/ihn
SPEZIES: Gran
GRÖSSE: 1,60 m

ZUGEHÖRIGKEIT: Pfad der Offenen Hand, Älteste des Pfads
ERSTES AUFTRETEN: DHRA (PI)

Tromak wuchs im Pfad der Offenen Hand auf und gehört nun den Ältesten an. Marchion Ro sucht ihn wegen seines Wissens über Machtartefakte auf. Er entscheidet sich aber, mit den Jedi zu verhandeln, und sagt, er wisse, wo sich der Stab der Jahreszeiten befindet, der den Gleichmacher kontrolliert.

»DAS IST HEILIGES WISSEN!«

– **Tromak**

BARBATASH

PRONOMEN: Er/ihn
SPEZIES: Unbekannt
GRÖSSE: 2,08 m

ZUGEHÖRIGKEIT: Älteste des Pfads
ERSTES AUFTRETEN: KuV

Barbatash ist einer der Anführer der Ältesten des Pfads, einer Jedi-feindlichen Sekte, die auf dem Planeten Trymant IV lebt, als es zur Großen Katastrophe kommt. Zeen Mrala, die die Gruppe verließ, um ihre Machtkräfte bei den Jedi zu entfalten, kennt Barbatash. Er ist bereit, mit den Jedi zu kooperieren, und weist Zeen den Weg zu einer nahe gelegenen Nihil-Basis.

»ICH WERDE MICH UM DIESE EINDRINGLINGE KÜMMERN!«

– **Barbatash**

DIE NIHIL

Während Republik und Jedi die Weiten des Weltraums erkunden, lauert im Unbekannten eine Gefahr. Die Nihil sind Piraten mit einer Geheimwaffe: Sie haben Zugang zu nur ihnen bekannten Hyperraumpfaden. So können sie unerwartet und oft unter Einsatz von Gewalt vor ihren Opfern im All auftauchen und spurlos wieder verschwinden. Angeführt vom skrupellosen und ehrgeizigen Marchion Ro werden die Nihil von ihrem Hang, Blut zu vergießen und Chaos zu stiften, angetrieben. Wenn sie nicht mit ihren Raumschiffen auf Raubzug sind, feiern sie in ihrer Basis, einer »Große Halle der Nihil« genannten Raumstation.

PLÜNDERN UND MORDEN

Alle Nihil wollen dasselbe: Geld und andere Beute. Sie fangen Schiffe nichts ahnender Raumreisender ab und verschaffen sich Zugang. Dann betäuben sie die Crew mit Gas und rauben sie aus. Ein paar Nihil dienen der Gruppe auf andere Art. Dr. Kisma Uttersond verdingt sich damit, sich um die betagte Mari San Tekka zu kümmern, Wissenschaftlerin Zadina Mkampa erfindet grausame Waffen und einige Mitglieder der Nihil gehen für lange Zeit undercover, um ihre Mission zu erfüllen – sei es Spionage, Sabotage oder Mord.

STÜRMISCHE ZEITEN

Obwohl das alltägliche Leben der Nihil wild und chaotisch ist, gibt es eine gewisse Ordnung. Marchion Ro, bekannt als das Auge der Nihil, führt sie an. Unter ihm finden sich drei Orkanläufer genannte Statthalter, von denen jeder eine Schiffsflotte befehligt, deren Teileinheiten von Stürmen angeführt werden. Unter ihnen dienen als Winde bekannte Kämpfer und neue Rekruten, die sogenannten Brisen. Diese Untergebenen machen den Großteil der Nihil-Truppen aus.

Je höher der Rang eines Nihil ist, desto größer der Respekt und der Anteil an der Beute, die sie machen. Diese Struktur führt zu Rivalitäten, weshalb die meisten Nihil ebenso vor ihren Kameraden wie vor ihren Feinden auf der Hut sind. Marchion Ro klammert sich fest an seine

herausgehobene Stellung als Auge. Die wertvollen Hyperraumpfade werden von ihm streng gehütet, damit er seine Macht und einen Vorteil gegenüber dem Rest behält.

EWIGE FEINDE

Während Jedi und Republik auf Ordnung setzen, genießen die Nihil das Chaos. Der Anblick eines Nihil-Schiffes genügt, um auf anderen Schiffen und jeder Welt der Galaxis Angst zu schüren. Die Nihil verachten die Republik und hassen die Jedi. Sie intrigieren, um ihnen vielfältig zu schaden – durch Einschleusen von Spionen, Entfesseln von schrecklichen Monstern und unablässige Raubzüge. Sie greifen auch Veranstaltungen wie die Republik-Schau auf Valo und Orte wie die Starlight-Station an.

MARCHION RO

AUGE DER NIHIL

PRONOMEN: Er/ihn
SPEZIES: Evereni
GRÖSSE: 1,88 m

ZUGEHÖRIGKEIT: Nihil
ERSTES AUFTRETEN: DLdJ

Marchion Ro führt die Nihil von der Brücke seines Flaggschiffs an, der *Gaze Electric*. Er und sein Vater Asgar Ro machten aus einer kleinen Piratenbande eine Flotte von Marodeuren, die Schrecken in der Galaxis verbreiten. Marchion ist ebenso wegen seiner Angst einflößenden Maske wie wegen seiner gnadenlosen Kampftaktiken gefürchtet. Doch der grausame und rachsüchtige Marchion ist nicht blind vor Wut. Er plant sein Vorgehen sorgfältig und setzt gleichsam auf Intrigen wie auf Gewalt.

HEIMLICHE MACHENSCHAFTEN

Marchion hegt viele hinterhältige Pläne, die ihm helfen, mehr Macht zu gewinnen und seinen Einfluss auszuweiten. Er arbeitet mit der undercover agierenden Ghirra Starros zusammen, einer republikanischen Senatorin. Die uralte Mari San Tekka hält er in einer Medikapsel am Leben und gibt vor, für die Republik zu arbeiten, damit Mari ihr geheimes Wissen um unkartografierte Hyperraumrouten teilt. Unterdessen befeuert er die Konkurrenz zwischen seinen drei Flottenanführern, den Orkanläufern, indem er sie untereinander kämpfen lässt. Marchion lässt Jedi-Meister Loden Greatstorm gefangen nehmen und leitet den groß angelegten Angriff der Nihil auf die Republik-Schau auf Valo. Es war ebenfalls Marchion, der mit der Zerstörung der *Legacy Run* die Große Katastrophe herbeiführte.

DIE NAMENLOSEN

Marchions Familie hütet Wissen um uralte Waffen wie die Namenlosen. Diese mysteriösen Kreaturen können machtsensitive Wesen überwältigen. Marchion birgt eines der wenigen bekannten Exemplare – den Großen Gleichmacher – aus einer geheimen Eishöhle auf dem Planten Rystan. Er bringt ihn erstmals in die weite Galaxis und setzt ihn auf Grizal ein. Dies erweist sich als verheerend für die Jedi, für die die Kräfte des Namenlosen zu viel sind. Der Jedi Loden Greatstorm, ein Gefangener auf dem Planeten, ist der erste Jedi, der stirbt. Unter Marchions Kontrolle verwandelt der Gleichmacher noch viele weitere Jedi in zerbröckelnden Stein.

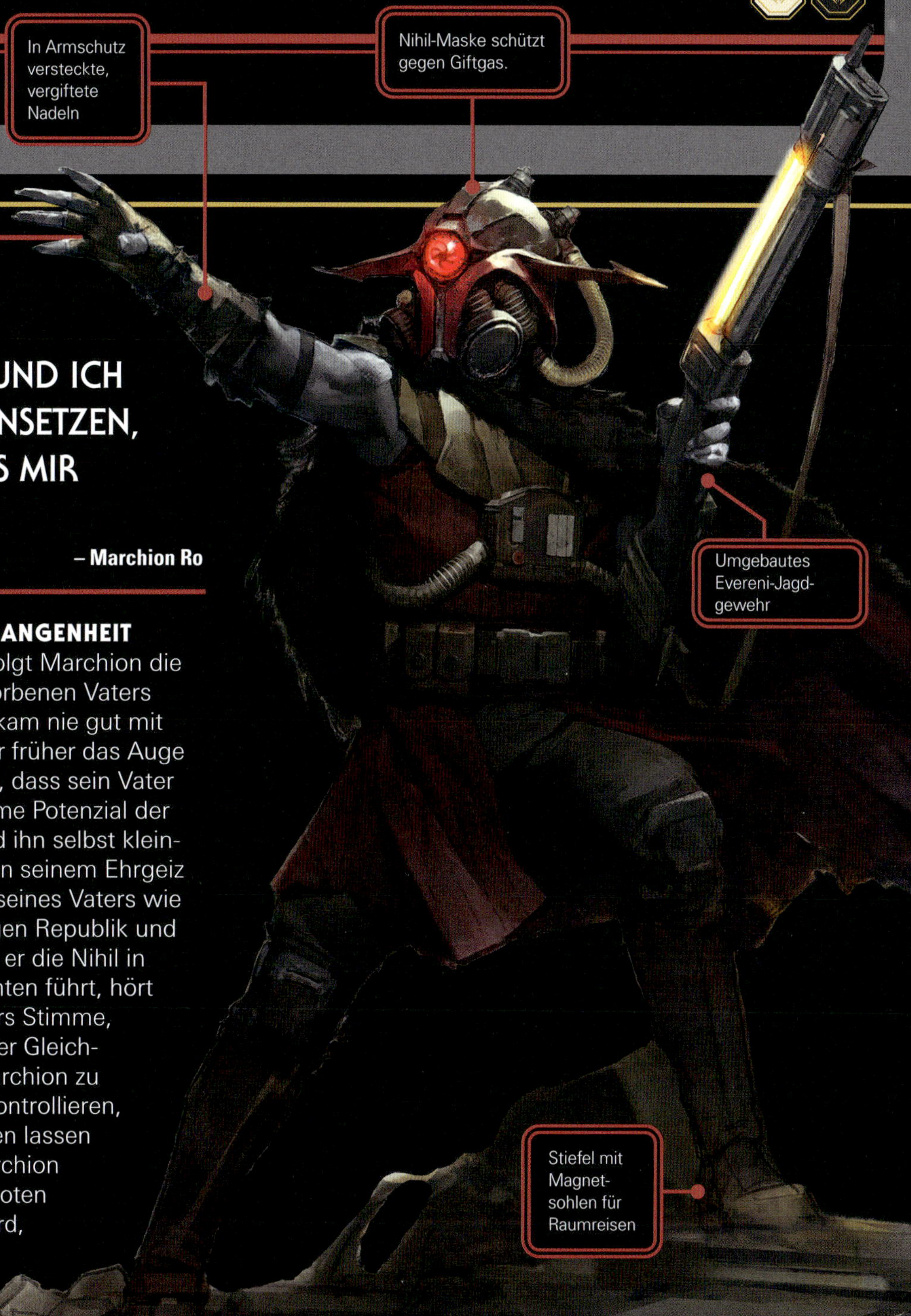

»ALLES UND JEDER IST EIN WERKZEUG. UND ICH WERDE SIE EINSETZEN, WIE IMMER ES MIR BELIEBT.«

– Marchion Ro

STIMMEN DER VERGANGENHEIT

Sein Leben lang verfolgt Marchion die Stimme seines verstorbenen Vaters Asgar Ro. Marchion kam nie gut mit seinem Vater aus, der früher das Auge der Nihil war. Er fand, dass sein Vater nie das volle, grausame Potenzial der Nihil ausschöpfte und ihn selbst kleinhielt. Marchion wird in seinem Ehrgeiz ebenso von der Gier seines Vaters wie einem alten Groll gegen Republik und Jedi angetrieben. Als er die Nihil in gefährlichere Schlachten führt, hört er in Gedanken Asgars Stimme, die ihn warnt, dass der Gleichmacher selbst für Marchion zu stark ist, um ihn zu kontrollieren, und sich nicht stoppen lassen könnte. Doch ob Marchion die Warnung seines toten Vaters beherzigen wird, kann nur die Zeit zeigen.

LOURNA DEE

GNADENLOSE ORKANLÄUFERIN DER NIHIL

PRONOMEN: Sie/ihr
SPEZIES: Twi'lek
GRÖSSE: 1,68 m
ZUGEHÖRIGKEIT: Nur sich selbst treu
ERSTES AUFTRETEN: DLdJ

Lourna Dee ist eine Orkanläuferin der Nihil, die für ihre Grausamkeit bekannt ist. Ihr Schiff, die *Lourna Dee,* ist nach der einen Person in der Galaxis benannt, der sie traut: sich selbst. Sie und ihre Crew sind wachsam und verschwiegen und sagen Außenstehenden nie mehr als nötig. Und sie intrigieren ständig, um allen anderen einen Schritt voraus zu sein. Um mehr Macht zu erlangen, würde Lourna jeden hintergehen. Die übrigen Orkanläufer hält sie gut im Blick, damit keiner Marchion Ro, das Auge der Nihil, herausfordert – solange sie nicht selbst daran beteiligt ist.

VERRAT

Als junge Twi'lek gehört sie der regierenden Familie der Koloniewelt Aaloth an. Ihr Freund zettelt einen Aufstand gegen ihren Vater an und verkauft Lourna an kriminelle Zygerrianer. Die Jedi retten sie und ermutigen sie, die Militärakademie auf Carida zu besuchen. Lourna ist dort jedoch zunehmend frustriert und verschwindet in einem gestohlenen Sternenjäger. Sie begegnet dem Orkanläufer Pan Eyta und schließt sich letztendlich den Nihil an, die ihr später dabei helfen, Rache an ihrem Ex-Freund auf Aaloth zu üben.

AUFSTIEG BEI DEN NIHIL

Lourna steigt ob ihrer Erfolge bei den Nihil immer weiter auf und zieht das Interesse des Auges, Marchion Ro, auf sich. Ihr Einfluss ermöglicht es ihr, ihn davon zu überzeugen, einer Mission zuzustimmen, die reiche Familie Blythe zu entführen, um Lösegeld für sie zu erpressen. Dabei ergreift Lourna einen wertvollen Gefangenen, den Jedi-Meister Loden Greatstorm. Sie bringt ihn zu Marchion, der ihn auf seinem Schiff gefangen hält.

WEITERE INTRIGEN

Lourna hat kein Problem damit, Marchion zu hintergehen, wenn es zu ihrem Vorteil ist. So gewinnt sie Hyperraumwissenschaftlerin Chancey Yarrow, für die

Nihil an einem Gravitationsprojektor zu arbeiten. Was Marchion nicht weiß, ist, dass Lournas wahres Ziel es ist, *ihn* dazu zu bringen, mit ihr seinen wertvollsten Besitz zu teilen – jene Person, von der Marchion die geheimen Hyperraumpfade erhält. Lourna führt später den Nihil-Angriff auf die Republik-Schau auf Valo an, wo sie Kanzlerin Lina Soh nach dem Leben trachtet. Wegen ihrer dortigen Präsenz wird Lourna für die Anführerin der Nihil gehalten, wodurch sie letztendlich ins Visier von Meisterin Avar Kriss gerät.

»HÖRST DU DAS, UNIVERSUM? NIEMAND WIRD MIR JE WIEDER SAGEN, WAS ICH ZU TUN HABE! NIEMAND!«

– Lourna Dee

GEWAGTE FLUCHT

Auf Xais lässt Lourna einen Namenlosen auf die Jedi Keeve Trennis und Terec los, um zu sehen, welche Auswirkungen das Monster auf sie hat. Kurz darauf verfolgt Avar Kriss sie zum Geheimversteck der Nihil im Niemandsraum. Lourna verliert im Duell mit Avar eine Hand und wird inhaftiert. Das Chaos nach einer Explosion auf der Starlight eröffnet ihr aber eine Chance zu fliehen. Sie überwältigt den Jedi OrbaLin, stiehlt die *Ataraxia* und entschwindet ins All.

PAN EYTA

GRAUSAMER ORKANLÄUFER

PRONOMEN: Er/ihn
SPEZIES: Dowutin
GRÖSSE: 2,59 m
ZUGEHÖRIGKEIT: Nihil
ERSTES AUFTRETEN: DLdJ

Als Orkanläufer ist Pan Eyta einer der drei mächtigsten (und rivalisierendsten) Statthalter von Marchion Ro. Von seinem Flaggschiff, der *Elegencia,* aus befehligt er einen Orkan von Schiffen voller Piraten, die ihm tendenziell ähnlich sind: herausgeputzt und eigen, selbst wenn sie Chaos stiften. Pan ist bekannt dafür, seine Feinde für gewöhnlich zu töten.

ABWÄRTSSPIRALE

Pan nimmt Marchion Ro seinen »leichten« Weg an die Macht zwar übel, wetteifert aber oft mit den anderen Orkanläufern wie Lourna Dee um Ros Anerkennung und Unterstützung. Doch Pan spielt selten fair und gerät oft mit Ro aneinander, der ihn schließlich vergiftet. Pan überlebt, doch die Rivalität mit den vermeintlichen Verbündeten führt letztlich zu seinem Ende, als Lourna ihn tötet.

»VERGISS NICHT, DAS ZIEL IST, MÖGLICHST VIEL ZERSTÖRUNG ANZURICHTEN.«

– **Pan Eyta**

KASSAV MILLIKO

PRONOMEN: Er/ihn
SPEZIES: Weequay
GRÖSSE: 1,68 m
ZUGEHÖRIGKEIT: Nihil
ERSTES AUFTRETEN: DLdJ

Kassav Milliko hat den Nihil seit den Tagen von Marchion Ros Vater gedient. Er führt seinen Orkan von der Brücke der *New Elite* aus an und wahrt ein sensibles Machtgleichgewicht unter seinen Piraten, während er sich in noch mehr Grausamkeit ergeht, als man es von den Nihil ohnehin kennt. Kassav führt seine Flotte nach Eriadu, wo er die Gouverneurin erpresst. Sie soll bezahlen, damit sie gefährliche Trümmer aus dem All zerstören, doch stattdessen wird Eriadus Mond zerstört. Ro bestraft Kassav, woraufhin dieser die Nihil an Eriadu verraten will. Aber bevor er die Seiten wechseln kann, wird er von Eriadus Gouverneurin erschossen.

»WIR WERDEN ALLES NEHMEN, WAS SIE HABEN, UND SIE WERDEN NETT DANKE SAGEN.«

– **Kassav Milliko**

KARA XOO

PRONOMEN: Sie/ihr
SPEZIES: Quarren
GRÖSSE: 1,75 m
ZUGEHÖRIGKEIT: Nihil
ERSTES AUFTRETEN: DB

Kara Xoo ist die Piratenkapitänin des Schiffs *Poisoned Barb*. Nach Pan Eytas Tod wird sie an seiner Stelle Orkanläuferin. Kara ist stets auf der Hut vor Verrätern und achtet darauf, vor anderen Nihil nie Schwäche zu zeigen. Sowohl unter den Nihil als auch unter ihren Feinden ist sie bekannt dafür zu prahlen, zu foltern und zu zerstören. Kara berät sich mit Marchion Ro über wichtige strategische Entscheidungen und kümmert sich auch um die Entführung von Kindern als neue Rekruten für die Nihil – darunter die geniale Erfinderin Avon Starros, die später aber mit ihrer Jedi-Freundin Vernestra Rwoh entkommt.

KRIX KAMERAT

ANFÜHRER EINER NIHIL-ZELLE

Krix rasiert sich die Haare, als er bei den Nihil ist.

PRONOMEN: Er/ihn
SPEZIES: Mensch
GRÖSSE: 1,65 m
ZUGEHÖRIGKEIT: Älteste des Pfads, Nihil
ERSTES AUFTRETEN: DHRA (PI)

Krix Kamerat wuchs im Glauben auf, dass Machtnutzer böse sind. Als seine Freundin Zeen Mrala ihre verborgenen Machtkräfte nutzt, um ihre Welt, Trymant IV, zu beschützen, fühlt Krix sich verraten. Er schließt sich den Nihil an und verschreibt sich einem Leben als Pirat.

FINSTERER ABSTIEG

Krix lässt seine Wut auf Zeen zu einem Eifer anwachsen, Wege zum Besiegen der Jedi zu finden. Als Anführer einer Nihil-Zelle schwört er Marchion Ro die Treue. Um sich als würdig zu erweisen, führt Krix eine Mission an, um den Jedi-Tempel auf Takodana zu zerstören.

»SIE IST NIEMAND. SIE BEDEUTET MIR NICHTS.«

– Krix Kamerat über Zeen Mrala

GHIRRA STARROS

SENATORIN VON HOSNIAN PRIME

PRONOMEN: Sie/ihr
SPEZIES: Mensch
GRÖSSE: 1,68 m
ZUGEHÖRIGKEIT: Nihil, Galaktische Republik
ERSTES AUFTRETEN: AdS

Ghirra Starros ist Senatorin von Hosnian Prime, aber führt heimlich ein Doppelleben. Öffentlich kümmert sie sich für die Republik um Angelegenheiten rund um Hyperraumrouten, doch privat arbeitet sie für die Nihil – was sie selbst vor ihrer Tochter Avon geheim hält. Als Spionin informiert Ghirra die Nihil über Neuigkeiten aus der Republik und sät Zwietracht im Senat.

GEFÄHRLICHE SPIELE

Ghirra wünscht sich eine engere Beziehung zum Auge der Nihil, Marchion Ro, und schickt ihm die Pläne der Starlight-Station, was zu deren Zerstörung führt. In den Folgemonaten wird Ghirra das Gesicht der Nihil im Senat. Sie behält ihre Nihil-Rivalen im Blick und schmiedet dabei Pläne für die eigene Zukunft.

»DU HÄTTEST EINFACH DAS TUN SOLLEN, WAS VON DIR VERLANGT WURDE.«

– Ghirra Starros zu Ghal Tarpfen

GENERAL VIESS

MÖRDERISCHE SÖLDNERIN

PRONOMEN: Sie/ihr
SPEZIES: Mirialanerin
GRÖSSE: 1,68 m
ZUGEHÖRIGKEIT: Söldnerarmee
ERSTES AUFTRETEN: DHR: DK

Für Geld kämpft General Viess gegen jeden. Sie behauptet, Jedi getötet zu haben, und da sie eine Söldnerarmee anführt, ist niemand töricht genug, dies anzuzweifeln. Sie hat noch nicht genug verdient, um sich eine komplette Beskarrüstung zu leisten, doch in Teilen ist ihr Outfit aus jenem Material, das sie mit etwas Umsicht gegen Lichtschwerthiebe schützt.

KEINE EHRE

General Viess hilft der Armee von Bethune bei ihrer Belagerung auf Gansevor, aber die Jedi Porter Engle und Barash Silvain leisten Gegenwehr. Um einem Kampf mit Porter zu entfliehen, wirft sie Granaten in die Menge. Später rückt sie mit ihrer Armee an, um die verwüstete Stadt zu plündern.

»WEN SOLL ICH HIER TÖTEN?«

– **General Viess**

BARON BOOLAN

DER FANATIKER

PRONOMEN: Er/ihn
SPEZIES: Ithorianer
GRÖSSE: 1,96 m
ZUGEHÖRIGKEIT: Nihil
ERSTES AUFTRETEN: DPdR

Baron Boolan wuchs als Kind beim Pfad der Offenen Hand auf, wo Marda Ro und andere Anhänger des Kults ihm beibrachten, dass der Gebrauch der Macht böse sei und nur der Pfad die Wahrheit kenne. Dieser Glaube begleitet ihn sein Leben lang.

EXPERIMENTE MIT NAMENLOSEN

Als Marchion Ro Auge der Nihil wird, hat sich Boolan bereits einen Ruf erarbeitet, ein Talent für physische Manipulation zu besitzen, das er sich bei seinen Experimenten zunutze macht. Mit seinen »Kindern des Sturms« spezialisiert er sich auf die Arbeit mit den Namenlosen und schafft es, sie so weit zu kontrollieren, dass sie seine Feinde angreifen. Nach dem Untergang der Starlight ist er einer der drei von Marchion Ro eingesetzten Orkanläufer.

»DIE MUTTER SAGT, DAS IST DER EINZIGE WEG.«
– Baron Boolan

SABATA KRILL

PRONOMEN: Sie/ihr
SPEZIES: Er'Kit
GRÖSSE: 1,65 m
ZUGEHÖRIGKEIT: Nihil
ERSTES AUFTRETEN: DHRA (PI)

Sabata Krill ist ein skrupelloses Mitglied der Nihil, bereit, jeden zu hintergehen, um sich selbst einen Namen zu machen. Als Teil von Krix Kamerats Zelle gibt sie auf dem Planeten Takodana vor, sich von den Nihil abzuwenden. Doch dies ist nur Teil eines Plans, um in den dortigen Jedi-Tempel zu gelangen und eine Bombe zu platzieren. Später stiftet Sabata weiteres Chaos auf Corellia, wo sie den Nihil hilft, die lokale Polizei zu infiltrieren.

»MÖCHTEST DU ZUSEHEN, WIE EURE HÜBSCHE, KLEINE RAUMSTATION UNTERGEHT?«

– Sabata Krill

ZADINA MKAMPA

PRONOMEN: Sie/ihr
SPEZIES: Mensch
GRÖSSE: 1,70 m
ZUGEHÖRIGKEIT: Nihil
ERSTES AUFTRETEN: MiV

Wissenschaftlerin Zadina Mkampa baut Waffen für Nihil-Kommandantin Kara Xoo. Zu ihrer Arbeit gehört die Entwicklung von Gasbomben und einer Maschine, die Erdbeben hervorruft. Als die Nihil eine Gruppe von Kindern entführen, zwingt Mkampa eins von ihnen – das junge Genie Avon Starros –, für sie zu arbeiten. Doch Avon sabotiert die Nihil-Maschinen und nutzt das Chaos, um die anderen entführten Kinder zu befreien.

»WIR MÜSSEN UNS UNSERE VERPFLEGUNG VERDIENEN.«

– Zadina Mkampa

NAN

PRONOMEN: Sie/ihr
SPEZIES: Mensch
GRÖSSE: 1,50 m
ZUGEHÖRIGKEIT: Nihil, Familie Graf
ERSTES AUFTRETEN: IdD

Nan verbleibt nach dem Tod ihrer Eltern in der Obhut eines Nihils namens Hague und wächst als Piratin auf. Sie kann gut andere täuschen und bringt auf der Amaxinen-Station den Jedi Reath Silas dazu, ihr zu vertrauen, ehe sie ihn verrät. Obwohl es sie reizt, mit Chancey Yarrow für die Familie Graf zu arbeiten, hält Nan weiter die Nihil für ihre beste Option, um zu überleben.

»IHR WERDET NOCH ALLE VOR DEN NIHIL NIEDERKNIEN.«

– **Nan**

CHANCEY YARROW

PRONOMEN: Sie/ihr
SPEZIES: Mensch
GRÖSSE: 1,63 m
ZUGEHÖRIGKEIT: Nihil, Byne-Gilde
ERSTES AUFTRETEN: AdS

Als Chancey Yarrow an der Akademie von Carida Hyperraumtheorien studiert, fesselt sie die Idee, eine Maschine zu bauen, die Schiffe aus dem Hyperraum ziehen kann. Nach ihrem dortigen Rauswurf täuscht sie gar ihren Tod vor, um heimlich mit den Nihil am Erzeugen eines künstlichen Gravitationsbrunnens zu arbeiten. Chanceys Arbeit trennt sie von ihrer Tochter Sylvestri, die diese für eine einfache Transportunternehmerin hält. Ihr Ende findet Chancey an Bord der Starlight, nachdem diese von den Nihil sabotiert wurde. Sie versucht, Leben zu retten, indem sie hilft, die Station zu reparieren, aber der Jedi Elzar Mann tötet sie, weil er sie für eine Nihil-Attentäterin hält.

»WER KÖNNTE MIR BESSER DABEI HELFEN ALS MEINE TOCHTER?«

– **Chancey Yarrow**

»ALLE UNSERES VOLKES, DIE IN DER FEINDLICHEN GALAXIS ÜBERLEBT HABEN, SIND KLINGEN.«

– Shalla Ro

SHALLA RO

PRONOMEN: Sie/ihr
SPEZIES: Evereni
GRÖSSE: 1,65 m

ZUGEHÖRIGKEIT: Nihil
ERSTES AUFTRETEN: DHR: DAdS

Shalla Ro führt die Nihil an. Die Gruppe wurde von ihrer Mutter gegründet, die die Piraten als den Endpunkt hart erkämpften Überlebens als Evereni ansah. Shalla tut sich damit hervor, Kontakte zu knüpfen und niedere Schurken herumzukommandieren. Sie geht strategisch vor, um ihre kleine Bande zu etwas Größerem auszubauen, und gibt acht, die Nihil der weiten Galaxis nicht zu früh zu offenbaren. So will sie die Hyperraumpfade ihrer Gefangenen Mari San Tekka nicht zu oft einsetzen und gerät in Konflikt mit ihrem Sohn Asgar. Er hält sich für einen besseren, entschlosseneren Anführer der Nihil – und lässt Shalla in den Tod stürzen.

ASGAR RO

PRONOMEN: Er/ihn
SPEZIES: Evereni
GRÖSSE: 1,83 m

ZUGEHÖRIGKEIT: Nihil
ERSTES AUFTRETEN: IZdS

Asgar Ro wird das erste Auge der Nihil, nachdem er die Führung von seiner Mutter übernommen hat. Anders als Shalla, die die Nihil im Verborgenen größer werden lassen wollte, setzt Asgar auf schnelles Wachstum und verwandelt die kleine Piratenbande in eine große – und gefürchtete – Vereinigung. Eine von Asgars Orkanläuferinnen, Lourna Dee, strebt eine Partnerschaft mit ihm an der Spitze der Nihil an, aber Asgar macht deutlich, dass er alle Macht für sich will. Später ersticht Lourna ihn. So beendet sie seine Herrschaft, bereitet aber unbeabsichtigt den Weg für den Aufstieg seines Sohnes Marchion.

»ICH BIN EIN MANN MIT WEITBLICK.«

– Asgar Ro

ZAGYAR

PRONOMEN: Er/ihn
SPEZIES: Mensch
GRÖSSE: 1,70 m
ZUGEHÖRIGKEIT: Nihil
ERSTES AUFTRETEN: DLdJ

Zagyar ist ein Sturm, der einen Piratentrupp der Nihil anführt. Viele seiner Leute sterben während der Großen Katastrophe, als sie versehentlich den Treibstofftank eines Schiffs treffen. Zagyar begleitet Marchion Ro nach Trymant IV, um Tromak zu entführen. Der Kultanhänger weiß von einem alten Artefakt, das Marchion sucht.

TASIA

PRONOMEN: Sie/ihr
SPEZIES: Cathar
GRÖSSE: 1,65 m
ZUGEHÖRIGKEIT: Nihil
ERSTES AUFTRETEN: OL

Tasia, ein Sturm der Nihil, wird zusammen mit ihrer Orkanläuferin Lourna Dee auf dem republikanischen Schiff *Restitution* inhaftiert. Sie erpresst Lourna und droht, ihre Identität zu enthüllen, weil diese bei der Verhaftung einen falschen Namen genannt hatte. Später verrät Tasia sie an den Nihil Pan Eyta.

»STELL DIR NUR VOR, WIE MAN DAMIT ANGEBEN KÖNNTE!«

– Tasia

SARN STARBREAKER

PRONOMEN: Er/ihn
SPEZIES: Gloovaner
GRÖSSE: 1,88 m
ZUGEHÖRIGKEIT: Nihil
ERSTES AUFTRETEN: IZdS

Der Nihil Sarn Starbreaker will zum Sturm aufsteigen. Um den Orkanläufer Pan Eyta zu beeindrucken, greift er die berühmten Cyclor-Schiffswerften an und nimmt die *Innovator* ins Visier, das neue Forschungsschiff der Republik. Dabei wird die *Innovator* zwar stark beschädigt, aber nicht zerstört.

»WERFTEN ANVISIEREN UND FEUER!«

– Sarn Starbreaker

MUGLAN

PRONOMEN: Sie/ihr
SPEZIES: Gloovanerin
GRÖSSE: 1,83 m
ZUGEHÖRIGKEIT: Nihil
ERSTES AUFTRETEN: OL

Muglan ist Leibwächterin der Kriminellen Ola Hest und stand früher mit dieser in Diensten der Hutts. In republikanischer Haft legt Hest sich mit der ebenfalls inhaftierten Lourna Dee an, und Muglan gerät oftmals dazwischen. Nachdem Lourna ihr zur Flucht verhilft, schließt sich Muglan den Nihil als Teil deren Orkans an.

MELIS SHRYKE

PRONOMEN: Sie/ihr
SPEZIES: Unbekannt
GRÖSSE: 1,68 m
ZUGEHÖRIGKEIT: Nihil
ERSTES AUFTRETEN: DAdF

Die grausame Melis Shryke ist Captain des Nihil-Schiffs *Cacophony*. Ihre auf Hochglanz polierte dunkelblaue Rüstung und ihr weißes Haar machen sie zu einem denkwürdigen Anblick, wenn sie vor ihren Feinden steht. Shryke arbeitet für General Viess, eine von Marchion Ros Statthalterinnen nach dem Untergang der Starlight. Ihr Jagdrevier ist die Okklusionszone, jene gesetzlose Region des Weltraums, die gänzlich von den Nihil kontrolliert wird. Shrykes schnelle, opportunistische Raubzüge lassen ihre Opfer zu geschockt und verängstigt zurück, als dass sie sich dagegen wehren könnten – bis sie es mit den Jedi zu tun bekommt.

KLINITH DA

PRONOMEN: Sie/ihr
SPEZIES: Mensch
GRÖSSE: 1,60 m
ZUGEHÖRIGKEIT: Nihil
ERSTES AUFTRETEN: DB

Klinith Da und ihr Partner Gwishi sind Nihil-Spione, die geschickt wurden, die Republik zu sabotieren. Die beiden zerstören das Luxusschiff *Steady Wing* und geraten mit den Jedi Vernestra Rwoh und Imri Cantaros aneinander. Da genießt es, Chaos zu stiften, und fürchtet, dass die Piratenabenteuer der Nihil ein Ende finden, wenn die Republik sich weiter ausdehnt.

GWISHI

PRONOMEN: Er/ihn
SPEZIES: Aqualishaner
GRÖSSE: 1,78 m
ZUGEHÖRIGKEIT: Nihil
ERSTES AUFTRETEN: DB

Gwishi ist Anführer eines Nihil-Teams und ungewöhnlich ruhig für einen Piraten. Er rät seiner Partnerin Klinith Da, es nicht zu zeigen, wenn sie nervös ist. Mit der Zerstörung der *Steady Wing* soll die Republik von Nihil-Territorium ferngehalten werden. Doch er und Klinith werden von Vernestra Rwoh und Imri Cantaros gefangen genommen.

ZEETAR

PRONOMEN: Er/ihn
SPEZIES: Talpini
GRÖSSE: 1,22 m
ZUGEHÖRIGKEIT: Nihil
ERSTES AUFTRETEN: IZdS

Zeetar wird nach dem Tod von Orkanläufer Kassav Milliko einer von Ros drei Statthaltern bei den Nihil. Wie die Marodeure unter seinem Kommando ist Zeetar grausam und genießt das Chaos des Piratenlebens. Er kämpft einige Male gegen die Jedi, so auch bei der Republik-Schau auf Valo. Letztlich wird er von der erzürnten Jedi Avar Kriss besiegt.

ZARET

PRONOMEN: Er/ihn
SPEZIES: Mensch
GRÖSSE: 1,68 m
ZUGEHÖRIGKEIT: Nihil
ERSTES AUFTRETEN: ARdG1

Als Undercoveragent der Nihil hat Zaret den Jedi-Außenposten auf Banchii im Visier. Als Jedi Lily Tora-Asi und deren Padawan Keerin Fionn ihn sehen, halten sie ihn für einen lokalen Farmer. Bei seiner Mission hilft Zaret dem Farmer Kooba, Samen einzuführen, was eine Drengir-Invasion und einen Angriff auf die Jedi zur Folge hat.

KISMA UTTERSOND

PRONOMEN: Er/ihn
SPEZIES: Chadra-Fan
GRÖSSE: 1 m
ZUGEHÖRIGKEIT: Nihil
ERSTES AUFTRETEN: DLdJ

Doktor Kisma Uttersond kümmert sich bei den Nihil um Mari San Tekka, eine betagte Gefangene, die die Nihil mit Hyperraumpfaden versorgt. Dabei ist er einer der wenigen Nihil, die sich trauen, Marchion Ro zu widersprechen, da er weiß, dass Maris Gesundheit auf dem Spiel steht. Er ist zwar ein Doktor, doch auch Uttersond hat eine grausame Seite, die sich zeigt, als er Jedi-Meister Loden Greatstorm foltert.

HAGUE

PRONOMEN: Er/ihn
SPEZIES: Zabrak
GRÖSSE: 1,80 m
ZUGEHÖRIGKEIT: Nihil
ERSTES AUFTRETEN: IdD

Der Nihil-Stratege Hague zieht die junge Piratin Nan nach dem Tod ihrer Eltern auf, mit denen er befreundet war. Hague und Nan sind an Bord der Amaxinen-Raumstation, als es zur Großen Katastrophe kommt, und geraten mit den Jedi Reath Silas, Orla Jareni und Cohmac Vitus aneinander. Im Kampf öffnet Reath eine Luftschleuse in der Nähe von Hague, worauf der alte Pirat ins All hinausgesogen wird.

»EURE MAGIE KANN EUCH NICHT RETTEN.«

– Hague zu Orla Jareni

THAYA FERR

PRONOMEN: Sie/ihr
SPEZIES: Mensch
GRÖSSE: 1,65 m
ZUGEHÖRIGKEIT: Nihil
ERSTES AUFTRETEN: DgS

Thaya Ferr steht Marchion Ro, dem Auge der Nihil, mit am nächsten. Ferr überträgt der Nihil-Crew Aufgaben, bewahrt Geheimnisse und bringt Leute gegeneinander auf, wenn es dem Auge zum Vorteil dient. Zudem hackt sie sich in Kom-Systeme der Republik, um Nachrichten ihres Bosses zu übertragen. Vor allem will sie Marchion beeindrucken.

»ICH HABE MICH IN DIE KOMMUNIKATIONSBOJEN GEHACKT.«

– Thaya Ferr

DRENGIR

FLEISCHFRESSENDE PFLANZENWESEN

SPEZIES: Drengir
GRÖSSE: Verschieden
ZUGEHÖRIGKEIT: Keine
ERSTES AUFTRETEN: IdD

Die Drengir sind intelligente Pflanzen, die nur eines im Sinn haben: fressen! Sie tun sich an allem, was lebt, gütlich – bevorzugt wenn ihre Beute frisch ist. Drengir jagen ihren Opfern gern Angst ein und brüllen »Fleisch! Fleisch!« auf der Jagd. Mit ihren Tentakeln schnappen sie sich ihre Beute und stopfen sie sich ins Maul, um sie zu vergiften und ihnen Nährstoffe zu entziehen. Lichtschwerthiebe machen den Drengir wenig aus, weshalb sie selbst für Jedi schwer zu töten sind. Die Nihil machen sich ihren unstillbaren Hunger zunutze und verteilen sie als strategische Waffen gegen die Jedi in der Galaxis.

WURZELHIRN

Die Drengir sind in Gedanken verbunden und kommunizieren als ein Kollektiv, das wachsen und alles um sich herum vereinnahmen will. Sie nehmen sich junge oder schwache Zivilisten vor, um stärker zu werden und sich ausbreiten zu können.

DAS ERWACHEN DER DRENGIR

Als einige Schiffe auf der von Pflanzen überwucherten, verlassenen Amaxinen-Raumstation landen, nehmen viele der Raumreisenden eine finstere Präsenz und verstörende Visionen wahr. Die Jedi an Bord der Station entfernen Statuen, von denen sie nicht ahnen, dass sie vor Jahren von den Sith dort platziert wurden, um die Drengir im Tiefschlaf zu halten. Als der Bann gebrochen ist, gehen

sie auf die Jagd, und ihr Wurzelhirn erwacht in der Galaxis. Die Drengir greifen Sedri Minor, Banchii und sogar die Starlight-Station an.

DIE GROSSE STAMMMUTTER

Die erste Drengir, die Große Stammmutter, lenkt den kollektiven Verstand und ist Schlüssel zum Sieg über die gefährliche Spezies. Auf Mulita, der Heimatwelt der Drengir, hat sie es auf Jedi-Meisterin Avar Kriss abgesehen und will deren starke Verbindung zu allen Jedi als Waffe gegen diese nutzen. Doch andere Jedi wie Keeve Trennis arbeiten zusammen, um die Verbindung der Stammmutter zum Wurzelhirn zu trennen, sie gefangen zu nehmen und so die Galaxis vor der Drengir-Bedrohung zu retten.

DIE NAMENLOSEN

MACHT-ESSER

SPEZIES: Namenlose
GRÖSSE: Verschieden

ZUGEHÖRIGKEIT: Pfad der Offenen Hand, Nihil
ERSTES AUFTRETEN: IZdS

Die gefürchteten Shrii-Ka-Rai sind seit Urzeiten Stoff von Jedi-Legenden. Als Kinder bekamen die Jedi Stellan Gios und Emerick Caphtor ein Schlaflied über sie vorgesungen. Die wahre Natur dieser Kreaturen blieb für lange Zeit verborgen, sodass die sagenumwobenen Monster in Gutenachtgeschichten alsbald nur noch die »Namenlosen« genannt wurden. Die Jedi kennen die Namenlosen als wilde Bestien, denen es nach der Macht hungert. Es gibt Gerüchte, dass sie von einem rätselhaften Planeten im Wildem Raum stammen, aber sollte irgendjemand je mehr darüber gewusst haben, hat er es offenbar für sich behalten.

MACHTHUNGER

Ein Namenloser kann sehr langsam, aber auch ganz plötzlich angreifen. Alle Machtnutzer, die in Kontakt mit einem kommen, spüren jedoch letztlich die Auswirkungen seines Hungers. Zuerst fühlen sie überwältigende Verwirrung und Schrecken, dann suchen sie grauenhafte Visionen heim, während sie damit ringen, die physische Gestalt der Kreatur auszumachen. Die Visionen gründen sich wohl auf individuelle Unsicherheiten und können die Wahrnehmung des Namenlosen und aller ringsum verzerren. Sollte den Machtnutzern nun nicht die Flucht gelingen, werden sie sich alsbald gar nicht mehr bewegen können. In der Endphase des Angriffs wird dem Opfer die Energie entzogen, während sein Körper sich in eine steinartige Hülle verwandelt, die dann zu Staub zerfällt.

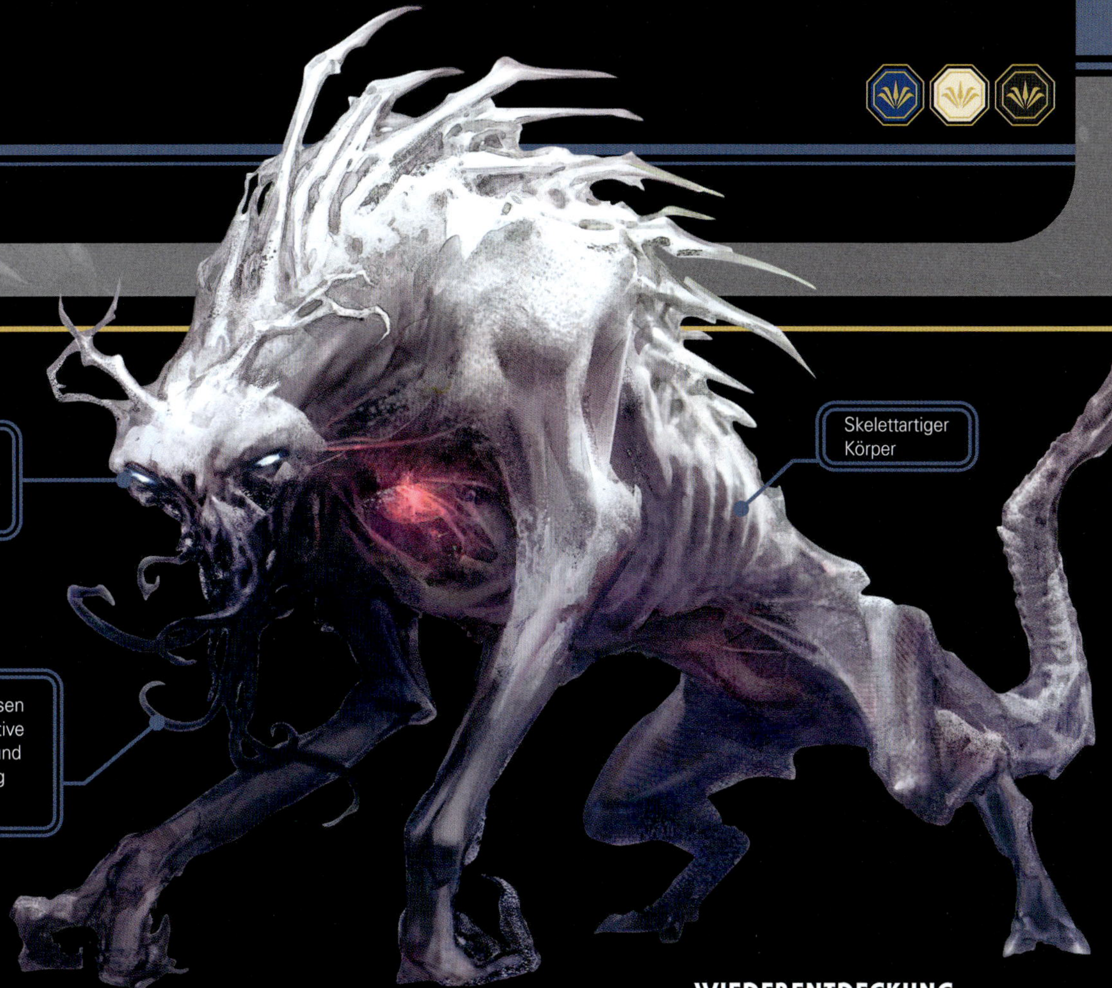

DIE NAMENLOSEN UND DER PFAD

Prospektor Radicaz »Sunshine« Dobbs bringt das Ei eines Namenlosen zu der »Mutter«, die es stets bei sich hält. Nach dem Schlüpfen lässt das Junge, das selbst in seiner klumpenartigen frühen Gestalt tödlich ist, die Jedi Zallah Macri versteinern. Dann verfestigt es sich zum voll ausgewachsenen Vierbeiner.

Die Mutter und der Pfad der Offenen Hand gelangen auch in den Besitz des Stabs der Jahreszeiten, mit dem man die Namenlosen kontrollieren kann. Es gibt zwei weitere Artefakte: den Stab der Zeitalter und den des Tagesanbruchs.

WIEDERENTDECKUNG

150 Jahre später, als man die Namenlosen nur noch für einen Mythos hält, entdeckt Nihil-Anführer Marchion Ro den Namenlosen-Schrein seiner Ahnen wieder und birgt eine dort im Eis eingefrorene Kreatur. Die Nihil entfesseln Namenlose in zahlreichen Konflikten mit den Jedi, so auch beim Untergang der Starlight-Station. Nur wenige Jedi erweisen sich dabei als fähig, einen Angriff der Namenlosen zu überleben.

KAPITEL 3

GALAKTISCHE REPUBLIK

Die Galaktische Republik ist ein demokratischer Zusammenschluss von Planeten in der Galaxis. Den gewählten Kanzlern obliegt es, Frieden zwischen den Mitgliedswelten zu wahren, sich mit deren Senatoren zu treffen und neue Welten zum Beitritt zu bewegen.

ERKUNDUNG UND KOOPERATION

In der Ära der Hohen Republik bilden das Herz der Republik die Kernwelten – vor allem Coruscant, Corellia, Alderaan und Hosnian Prime. Während Handelsrouten erweitert und Hyperraumreisen ausgedehnt werden und Erkundungsteams weiter in den Äußeren Rand vordringen, reicht auch der Einfluss der Republik immer weiter. Kyong Greylark und Orlen Mollo, die sich das Kanzleramt teilen, arbeiten daran, Beziehungen zu Grenzwelten aufzubauen. Jahrzehnte später macht sich Kanzlerin Lina Soh mit ihren Großen Werken einen Namen. Zu diesen Projekten gehört die Starlight-Station, eine Megabake im Äußeren Rand – Symbol für alles Gute in der Republik.

GEMEINSAME GALAKTISCHE ZIELE

Republik und Jedi-Orden tun sich zusammen gegen galaktische Bedrohungen und arbeiten gemeinsam an Projekten wie dem Entsenden von Aufklärerteams. Während die Republik aus vielen verschiedenen Welten besteht, bleibt das Ziel einer vereinten Galaxis ein Traum, für den es sich zu kämpfen lohnt.

AUFKLÄRERTEAMS

Die Galaktische Republik erlebt ein Zeitalter des Wachstums und der Erkundung. Um dies weiter voranzutreiben, vereinen Republik und Jedi-Orden ihre Kräfte und bilden gemischte Aufklärerteams. Deren Ziel ist es, neue Welten an der Grenze zu erkunden, ihnen, wenn nötig, Hilfe anzubieten und die Kommunikation zu verbessern, um Beziehungen zu Zivilisationen zu stärken, die eines Tages der Republik beitreten könnten.

DAS ABENTEUER WARTET

Einem Aufklärerteam gehören zumeist fünf Personen an: ein Pilot, ein Sanitäter und ein Droide der Republik sowie ein Jedi-Meister und ein Padawan. Jeder von ihnen sollte das Unbekannte lieben und auf alles vorbereitet sein. Aufklärer müssen sich blind vertrauen und sich auf ihre Instinkte und ihre Ausbildung verlassen, um auf Welten mit gefährlichen Gegenden oder Einwohnern zu bestehen. Die Jedi, die die Teams anführen, müssen Meister von Diplomatie, Teamarbeit und Kampf sowie wahre Überlebenskünstler sein. Erfolgreiche Aufklärermissionen werden öffentlich gefeiert und die Teams gehen in die Geschichte ein.

ZUSAMMENARBEIT

In vielen Fällen erreichen Aufklärerteams entlegene Orte, wo noch keine Anlagen für Kommunikation existieren. Daher arbeiten sie eng mit republikanischen Kom-Teams zusammen, die aus zwei Technikern und EX-Kommunikationsdroiden bestehen.

Während Aufklärer Welten und Flugrouten entdecken, richten Kom-Teams mithilfe von Kommunikationsbojen neue Verbindungen ein. Sobald die Systeme stehen, können die Jedi dort eine ständige Präsenz aufbauen und Außenposten errichten, die als Basen für zukünftige Missionen dienen mögen.

FÄHIGES TEAM

Jedi-Meister eines Aufklärerteams haben viele Aufgaben. Sie dienen als Teamleiter wie auch als Lehrer ihres Padawans. Die Missionen sind von Natur aus gefährlich, daher muss das Band zwischen Meister und Padawan sehr stark sein. Piloten müssen in unbekanntem Gebiet fliegen und, wenn nötig, ihr Schiff reparieren können. Sanitäter müssen auch fern von Medizentren Patienten versorgen können und werden oft von Einheimischen um Hilfe gebeten, die mitunter einen Körperbau haben, wie die Mediziner ihn vorher noch nie gesehen haben. Bei den meisten Aufklärerteams sind zudem GT-Astromechdroiden zu finden. Sie helfen bei Reparaturen, scannen Objekte und kommunizieren mit EX-Droiden.

KYONG GREYLARK

KANZLERIN DER REPUBLIK

PRONOMEN: Sie/ihr
SPEZIES: Mensch
GRÖSSE: 1,63 m
ZUGEHÖRIGKEIT: Galaktische Republik
ERSTES AUFTRETEN: DVs

Kanzlerin Kyong Greylark verbringt mehr Zeit auf Coruscant als ihr Amtskollege Orlen Mollo. Sie ist dabei diejenige, der das Tagesgeschäft im Senat der Republik obliegt. Kyong ist klug und kritisch und glaubt nicht alles unbesehen, was Orlen oder der Jedi-Orden sagen. Sie glaubt an Recht und Disziplin und sollte – auch ob ihrer Ausbildung an einer Militärakademie der Republik – nie unterschätzt werden.

MACHTVERZICHT

Kyong steht während der Schlacht von Dalna vor einer harten Entscheidung. Ihr Sohn Axel offenbart, dass er dem Pfad der Offenen Hand angehört und die Mutter ihn benutzen will, um an Kyong heranzukommen. Die Lösung der Kanzlerin sieht so aus, dass sie von ihrem Amt zurücktritt. So hat der Pfad keine Chance, über Kyongs Sohn mehr Macht zu gewinnen.

»FÜR FEHLER MUSS BEZAHLT WERDEN, AUCH WENN ER MEIN EINZIGES KIND IST.«

– **Kyong Greylark**

ORLEN MOLLO

REISENDER KANZLER DER REPUBLIK

PRONOMEN: Er/ihn
SPEZIES: Quarren
GRÖSSE: 1,88 m
ZUGEHÖRIGKEIT: Galaktische Republik
ERSTES AUFTRETEN: DVs

Kanzler Orlen Mollo teilt sich die Führung der Republik mit Kyong Greylark. Während sie sich auf Coruscant und den Senat konzentriert, zieht Orlen – der sich für weltoffener hält – es vor zu reisen. Sein Flaggschiff, die *Paxion,* dient ihm bestens als mobile Basis. Orlen hält Kontakt zum Büro der Grenzverwaltung und interessiert sich persönlich für neue Hyperraumstraßen.

EIRAM-E'RONOH-KONFLIKT

Orlen findet, die Republik solle keinen zu starken Einfluss auf Nichtmitgliedswelten ausüben. So hält er den Krieg zwischen Eiram und E'ronoh zunächst relativ neutral im Blick. Als der Konflikt aber eskaliert, überzeugt Orlen beiden Planeten zusammenzuarbeiten. Seine unverblümten Worte und Bitte um Frieden erweisen sich als genau das, was E'ronohs Monarch hören muss.

»DIE REPUBLIK WILL FRIEDEN MEHR ALS ALLES ANDERE.«

– Orlen Mollo

DIETRIX JAGO

PRONOMEN: Sie/ihr
SPEZIES: Unbekannt
GRÖSSE: 1,70 m
ZUGEHÖRIGKEIT: Galaktische Republik
ERSTES AUFTRETEN: DSndvS

Die von ihren Kollegen als ewig enthusiastisch bezeichnete Dietrix Jago ist die Pilotin der *Umberfall* und Teil eines von Meisterin Silandra Sho angeführten Aufklärerteams. Jago liebt ihr Schiff und hat ein Händchen dafür, jeden Teil davon zu reparieren. Sie ist mit der Jedi Rooper Nitani befreundet und leicht an ihren regenbogenfarbenen Haaren zu erkennen.

»SOLLTE ICH IRGENDETWAS SEHEN, WAS AUCH NUR VAGE BEDROHLICH AUSSIEHT, NEHME ICH DIE BEINE IN DIE HAND.« **– Dietrix Jago**

ZZ-10

PRONOMEN: Er/ihn
TYP: ZZ-Droide
GRÖSSE: 46 cm
ZUGEHÖRIGKEIT: Jedi-Orden
ERSTES AUFTRETEN: ARdG: P

ZZ-10 ist ein der Jedi-Meisterin Ravna Abronsa zugeteilter Droide. Nach der Schlacht von Dalna sucht ZZ-10 nach ihr, da er erst nicht verarbeiten kann, dass sie getötet wurde. Später bittet er Abronsas alten Padawan Arkoff, ihn mit dem Tagebuch des Jedi Azlin Rell zu begraben, um Rells Entdeckungen über die Namenlosen zu schützen.

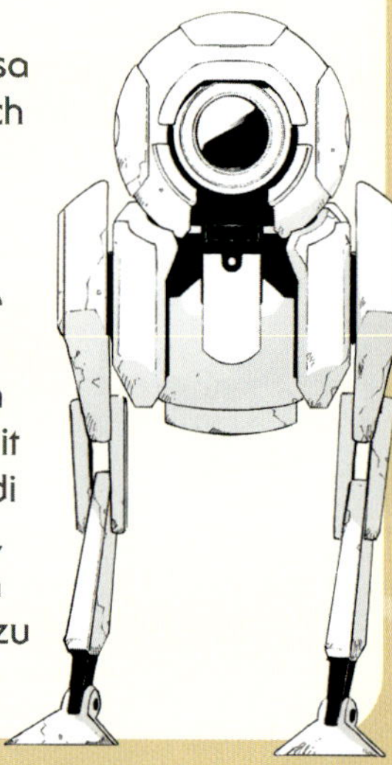

GT-11

PRONOMEN: Er/ihn
TYP: Astromechdroide
GRÖSSE: 1,17 m
ZUGEHÖRIGKEIT: Galaktische Republik
ERSTES AUFTRETEN: DSndvS

GT-11 ist als Astromech Teil der von Meisterin Silandra Sho angeführten Aufklärermission der Republik. Als EX-9B, der andere Droide im Team, ihm Faulheit vorwirft, sieht GT-11 es als willkommene Gelegenheit, sich eine Auszeit zu nehmen. Er schließt sich auf Aubadas einem Kom-Team der Republik an und hilft, dort das gestörte Kom-System wiederherzustellen.

»WIR HÄTTEN DICH GERNE MIT DABEI, GEE-TEE!«

– Amos Tillian zu GT-11

OBIK DENNISOL

PRONOMEN: Er/ihn
SPEZIES: Mirialaner
GRÖSSE: 1,70 m
ZUGEHÖRIGKEIT: Galaktische Republik
ERSTES AUFTRETEN: DSndvS

Obik Dennisol dient dem Aufklärerteam an Bord der *Umberfall* als Sanitäter. Wie bei anderen Mirialanern zeugen Dennisols Gesichtstattoos von seinen Leistungen. Mit seinem wissenschaftlichen Verstand hilft er den Katikoot auf dem Planeten Gloam, die unter dem für sie schädlichen Einfluss bestimmter Mineralien leiden.

»ICH KANN DIE MACHT VIELLEICHT NICHT FÜHLEN, ABER ICH WEISS, DASS HIER IRGENDETWAS NICHT STIMMT.« **– Obik Dennisol**

SALLEE OOPH

PRONOMEN: Sie/ihr
SPEZIES: Mensch
GRÖSSE: 1,68 m

ZUGEHÖRIGKEIT:
Galaktische Republik
ERSTES AUFTRETEN:
DHR: DK

Sallee Ooph ist Pilotin in Helion Voltes Aufklärerteam, das mit der Erweiterung des Kom-Netzwerks beauftragt wurde. Porter Engle und Barash Silvain bitten ihr Team um Hilfe, und Ooph bringt die beiden Jedi mit ihrem Schiff nach Gansevor.

»FREUT MICH, DASS IHR DAS SAGT. IST EIN KNOCHENJOB.«
– Sallee Ooph

GRINT RUPAR

PRONOMEN: Er/ihn
SPEZIES: Britarro
GRÖSSE: 1,88 m

ZUGEHÖRIGKEIT:
Galaktische Republik
ERSTES AUFTRETEN:
DHR: DK

Als Sanitäter in Helion Voltes Aufklärerteam ist Grint Rupar es gewohnt, fernab der Zivilisation Behandlungen durchzuführen. Er stellt fest, dass es Generationen brauchen wird, das republikanische Kom-Netz zu den Welten des Äußeren Rands auszubauen.

PAKO

PRONOMEN: Er/ihn
SPEZIES: Nikto
GRÖSSE: 1,75 m

ZUGEHÖRIGKEIT:
Galaktische Republik
ERSTES AUFTRETEN:
DHRA: DnS

Pako ist der Pilot des Aufklärerschiffs *Witherbloom,* das mit einem Schiff des Pfads kollidiert, welches Eier von Namenlosen transportiert. Ambar bringt ihn auf die Idee, dessen Antrieb zum Explodieren zu bringen, um die Namenlosen zu töten.

»TOLLER PLAN, PAKO! MELDE DICH FREIWILLIG, UM ALLEIN ZUM MASCHINENRAUM ZU GEHEN.«
– Pako zu sich selbst

AMBAR

PRONOMEN: Sie/ihr
SPEZIES: Mournish
GRÖSSE: 1,65 m

ZUGEHÖRIGKEIT:
Galaktische Republik
ERSTES AUFTRETEN:
DHRA: DnS

Ambar ist die Sanitäterin der *Witherbloom.* Neben dem Heilen organischer Wesen versteht sie sich auch aufs Reparieren des EX-Droiden des Teams. Als dieses und Mitglieder des Pfads der Offenen Hand von den Namenlosen angegriffen werden, hat Ambar die Idee, den Rumpf des Pfadschiffs unter Strom zu setzen, um die Kreaturen loszuwerden.

KAM

PRONOMEN: Er/ihn
SPEZIES: Twi'lek
GRÖSSE: 1,88 m
ZUGEHÖRIGKEIT: Galaktische Republik
ERSTES AUFTRETEN: DSndvS

Kam und Techniker Amos Tillian bilden das Kommunikationsteam, das Jedi-Meisterin Silandra Shos Aufklärermission zugeteilt ist. Als sie die Nachricht eines EX-Droiden erhalten, dass Jedi-Meister Rok Burans Aufklärerteam in Schwierigkeiten geraten ist, besteht Kam darauf, dass sie Meisterin Sho um Hilfe bitten und zum Planeten Aubadas aufbrechen.

»ICH GLAUBE, ER WEISS SELBST NICHT, WAS ER SAGT.«

– Kam

AMOS TILLIAN

PRONOMEN: Er/ihn
SPEZIES: Theelin
GRÖSSE: 1,70 m
ZUGEHÖRIGKEIT: Galaktische Republik
ERSTES AUFTRETEN: DSndvS

Amos Tillian und Kollege Kam entwickeln ein enges Arbeitsverhältnis, da sie so viel Zeit miteinander verbringen. Bei ihrer Mission, ein vermisstes Aufklärerteam auf Aubadas zu finden, arbeiten die beiden daran, die Kommunikation wiederherzustellen. Amos ist dabei beeindruckt von der Technologie der einheimischen Katikoot.

»WIR KÖNNTEN VIEL VON DER TECHNOLOGIE DER KATIKOOT LERNEN.«

– Amos Tillian

PRIV ITTIK

PRONOMEN: Sie/ihr
SPEZIES: Iktotchi
GRÖSSE: 1,75 m
ZUGEHÖRIGKEIT: Galaktische Republik
ERSTES AUFTRETEN: DVn

Priv Ittik ist eine ernste Wache der Republik. Sie und ihr Kollege Lu Sweet begleiten die Jedi Creighton Sun und Aida Forte als Personenschutz nach Dalna. Priv bleibt stets in der Nähe der Jedi und bewacht sie stumm. Als sie mit Cippa Tarko auch noch auf einen Jedi-Jüngling aufpassen sollen, ist sie nicht begeistert. Cippas Tapferkeit im Kampf beeindruckt sie jedoch alsbald.

»VON HIER AN BEWEGEN WIR UNS NICHT MEHR, WENN MEISTERIN YADDLE ES NICHT SAGT.«

– Priv Ittik

LU SWEET

PRONOMEN: Er/ihn
SPEZIES: Mensch
GRÖSSE: 1,85 m
ZUGEHÖRIGKEIT: Galaktische Republik
ERSTES AUFTRETEN: DVn

Dem Jedi Creighton Sun zufolge sieht Wache Lu Sweet so aus, als könne er einen Kampf gar nicht erwarten. Und als ein solcher in der Schlacht von Dalna tatsächlich ansteht, ist Lu sofort bereit. Um Hilfe zu suchen, versucht er, das Schiff der Jedi zu fliegen, doch es stürzt ab. Lu schließt sich wieder den Jedi an und kämpft tapfer, stirbt jedoch in den Schlacht.

»DIE SCHILDE SIND UNTEN. HIER IST ALLES HINÜBER. DIESES SCHIFF IST MÜLL!«

– Lu Sweet

EX-DROIDEN

NACHRICHTENÜBERMITTLER

TYP: Kommunikationsdroide
GRÖSSE: 97 cm (mit ausgefahrenen Beinen)
ZUGEHÖRIGKEIT: Galaktische Republik
ERSTES AUFTRETEN: DSndvS

EX-Kommunikationsdroiden sind wichtig für die Erkundung der Galaxis. Republikanische Kom-Teams nutzen EX-Droiden, um Nachrichten zu senden. Die kleinen Droiden sind unglaublich tough und nicht selten allein in den Weiten des Weltraums unterwegs, um Informationen zu übermitteln. Damit sie schnell vorankommen, steckt man sie in Raketen und Antriebskapseln, die beim Eintritt in die Atmosphäre nicht verbrennen.

DIE GROSSE GRENZE

EX-Droiden sind entscheidend in Bereichen der Galaxis ohne Kommunikationsbojen und wo diese kompromittiert oder beschädigt wurden. Jedi-Meister Rok Buran und sein Aufklärerteam schicken EX-8C los, um Hilfe zu holen, als man sie auf Gloam angreift. Auch Kyong Greylark nutzt EX-Droiden, um ihren Rücktritt als Kanzlerin zu verkünden.

»DIESE EX-MODELLE SIND ZÄHE KLEINE KERLCHEN. DIE WENIGSTEN DROIDEN HÄTTEN ES SO WEIT GESCHAFFT.«

– **Amos Tillian**

LINA SOH

OBERSTE KANZLERIN DER GALAKTISCHEN REPUBLIK

PRONOMEN: Sie/ihr
SPEZIES: Mensch
GRÖSSE: 1,70 m

ZUGEHÖRIGKEIT: Galaktische Republik
ERSTES AUFTRETEN: DLdJ

Als stärkste Verfechterin der Galaktischen Republik, der sie als gewählte Kanzlerin dient, steckt Lina Soh all ihre Zeit und Energie in deren Weiterentwicklung und Schutz. Soh ist für ihre »Großen Werke« bekannt, eine Reihe von Projekten, die sie initiiert hat, um mehr Welten des Äußeren Rands für die Republik zu gewinnen. Sie pflegt enge Beziehungen zum Jedi-Orden, mit dem sie oft zusammenarbeitet – ob bei Friedensverhandlungen oder beim Bau transgalaktischer Kommunikationsrelais.

GROSSE WERKE

Zu Sohs ambitioniertesten Projekten zählen die Starlight-Station und die Republik-Schau. Die Starlight ist eine von Jedi und Republik gemeinsam betriebene, als Megabake fungierende Raumstation im Äußeren Rand. Sie sorgt für die Verbesserung der Kommunikation in der Grenzregion und dient Hilfsbedürftigen als sicherer Hafen. Die Republik-Schau auf der Grenzwelt Valo soll eine Feier des Friedens, der Einheit und der Hoffnung sein – ein Symbol für die Errungenschaften der Republik.

Linas zwei Targone Matari und Voru sind nur ihr treu ergeben.

PRIVATE PROBLEME

Nicht jeder in Sohs Familie ist begeistert von ihrer steilen Karriere. Ihr Sohn Kitrep scheut das Rampenlicht und besucht nur widerwillig die Republik-Schau auf Valo. Soh ist klar, dass die Nihil weiter eine Gefahr für die Republik sind, aber besteht darauf, die Messe durchzuführen. Sie ist sich sicher, dass die Bürger der Republik enorm davon profitieren werden.

NACHWEHEN

Soh liegt falsch und wird schwer verwundet, als die Nihil die Messe angreifen – doch sie denkt nicht an sich selbst. Sie bangt um ihren Sohn inmitten all dessen und bereut zutiefst, die Schau trotz der Bedrohung durch die Nihil eröffnet zu haben. Soh befiehlt der Republikanischen Verteidigungskoalition eine Flotte gegen Marchion Ro auszuschicken. Ihre Bürger sollen wissen, dass man sie in schweren Zeiten nicht im Stich lässt.

BEDROHUNG DURCH DIE NIHIL

Sohs Pläne für die Galaxis werden von der Großen Katastrophe und den Risiken, die daraus für Hyperraumflüge resultieren, gefährdet. Sie lässt viele Hyperraumstraßen sperren, eine politisch gewagte Entscheidung, die jedoch die Sicherheit ihrer Bürger gewährleisten soll. Als sich zeigt, dass die Nihil für die Katastrophe verantwortlich sind, mobilisiert Soh Republik und Jedi, um diese um jeden Preis aufzuhalten.

»ICH WILL, DASS DIE NIHIL IHRER GERECHTEN STRAFE ZUGEFÜHRT WERDEN. JEDER EINZELNE VON IHNEN.«

– Lina Soh

STARLIGHT-STATION

Eines der Großen Werke der republikanischen Kanzlerin Lina Soh, die Starlight-Station, ist ein leuchtendes Beispiel dafür, was Republik und Jedi gemeinsam erreichen können. Sie wurde im Äußeren Rand gebaut, wo Hyperraumrouten und Kommunikationsverbindungen noch ausgebaut werden, und ist die größte Maßnahme der Republik zur Unterstützung der Grenze. Als Megabake sendet sie ein Signal, das bis weit in die Galaxis hinein zu hören ist. Es verstärkt die bestehenden Kommunikationswege und dient auch als Einladung für jeden, der Hilfe bedarf.

GEMEINSCHAFT

Die Starlight beherbergt sowohl Personal der Republik als auch der Jedi. Die Raumstation hat Quartiere für Arbeiter, Besucher und Jedi, von denen einige dauerhaft dort stationiert sind. Der Hangar empfängt Schiffe aus der ganzen Galaxis. Hospital, Forschungsturm, Bibliothek, Speisesäle und Meditationszonen machen die Starlight zu einer eigenen kleinen Gemeinschaft. Jedi-Meister Estala Maru und Rodor Keen von der Republik sind zusammen für den alltäglichen Betrieb verantwortlich. Ihr Job ist eine ständige Herausforderung, da auf der Starlight kein Tag wie der andere ist.

HILFSMASSNAHMEN

Je nach aktuellem Bedarf dient die Starlight als Stätte für Konferenzen, Evakuierungsort für Randwelten in Notlagen oder als Einsatzbasis der Jedi im Kampf gegen galaktische Bedrohungen. Als mobile Basis kann sie gar zu gefährdeten Welten geschleppt werden, um vor Ort Hilfe zu leisten.

Nachdem es auf Dalna zu einem Vulkanausbruch kommt, nehmen mehrere Schiffe die Starlight in Schlepptau, um dort Hilfe zu leisten. Kurz darauf will die Station auch der Bevölkerung des Planeten Eiram helfen, der heftige Zyklone zusetzen.

DER UNTERGANG

Als Symbol für die vereinte Kraft von Republik und Jedi wird die Starlight zum Ziel für jene, die Chaos in der Galaxis säen wollen. Die Republik wird von einer der Ihren, Senatorin Ghirra Starros, verraten, die Baupläne der Station stiehlt und sie den Nihil übergibt. Deren Spione dringen in die Starlight ein und lassen eine Bombe hochgehen. Wegen der Anwesenheit von Namenlosen an Bord können die Jedi die Station nicht retten und sie bricht entzwei. Während Republik und Jedi vom Verlust der Starlight erschüttert sind, schwört Kanzlerin Lina Soh, den Äußeren Rand nicht im Dunkeln zu lassen.

GHAL TARPFEN

PRONOMEN: Sie/ihr
SPEZIES: Mon Calamari
GRÖSSE: 1,73 m
ZUGEHÖRIGKEIT: Galaktische Republik, Mon-Calamari-Garde
ERSTES AUFTRETEN: S: EE

Ghal Tarpfen ist die geradlinige Sicherheitschefin der Starlight und hat stets nur den Schutz der Station im Kopf. Ghal verhört eine gefangene Nihil und lässt Milde walten, da sie hofft, dass sie sich ändern wird – ahnt aber nicht, dass es sich um Orkanläuferin Lourna Dee handelt. Später erfahren die Nihil von Ghals früherem Verhältnis mit dem König von Mon Cala, woraufhin sie versuchen, sie zu erpressen, und sie dann entführen. Ghal schafft es jedoch, eine Nachricht an die Starlight zu senden und die anderen vor Nihil-Spionen an Bord und im Senat zu warnen.

Exzellente Sicht unter Wasser

»JEDER VERDIENT EINE ZWEITE CHANCE – WENN ER SIE WILL.«

– **Ghal Tarpfen**

VELKO JAHEN

PRONOMEN: Sie/ihr
SPEZIES: Soikanerin
GRÖSSE: 1,68 m
ZUGEHÖRIGKEIT: Galaktische Republik
ERSTES AUFTRETEN: S: EE

Nachdem sie im soikanischen Bürgerkrieg gedient hat, braucht Velko Jahen eine Auszeit und tritt dem Administrationskorps der Republik bei, wo sie der Starlight als Administratorin zugewiesen wird und Operationsleiter Rodor Keen unterstützt. Velko weiß nicht recht, was auf sie zukommt, wird aber für Keen schnell eine große Stütze. Sie baut auf der Starlight auch eine gute Arbeitsbeziehung zu anderen in Leitungsfunktion auf, darunter Estala Maru, Keens Kollege auf Seiten der Jedi, und vertraut, wenn nötig, auf ihre Instinkte, um schnell zu handeln. Mithilfe von Estalas Droiden KC-78 deckt sie auf, wer auf der Krankenstation ein Attentat auf den Botschafter von Rion verübte.

»DU BIST WEIT WEG VON ZU HAUSE, VEL.«

– **Velko Jahen zu sich selbst**

RODOR KEEN

PRONOMEN: Er/ihn
SPEZIES: Mensch
GRÖSSE: 1,78 m

ZUGEHÖRIGKEIT: Galaktische Republik
ERSTES AUFTRETEN: DHR (PI)

Als Operationsleiter der Starlight hat Koordinator Rodor Keen zusammen mit Jedi-Meister Estala Maru das Sagen auf der Station. Beide gelten als praxisorientiert, doch Marus Sinn für Humor kommt beim ernsteren Rodor anfangs nicht so gut an. Es dauert eine Weile, bis sie sich aneinander gewöhnen.

GINO'LE

PRONOMEN: Er/ihn
SPEZIES: Anacondaner
GRÖSSE: 4,70 m lang

ZUGEHÖRIGKEIT: Galaktische Republik
ERSTES AUFTRETEN: S: EE

Als medizinischer Leiter hat Doktor Gino'le das Sagen im Medizentrum der Starlight. Der Anacondaner kümmert sich um jeden, ob Würdenträgern, die zu Gast sind, oder Jedi, die mit den Folgen eines Angriffs der Drengir oder Namenlosen ringen. Kybernetische Gliedmaßen helfen ihm im Alltag und bei der Arbeit.

Anacondaner haben keine Gliedmaßen.

PIKKA ADREN

PRONOMEN: Sie/ihr
SPEZIES: Mensch
GRÖSSE: 1,68 m

ZUGEHÖRIGKEIT: Galaktische Republik
ERSTES AUFTRETEN: S: Av

Pikka Adren entgeht kein einziges Detail – bei ihren Lieblingsrätseln oder der Arbeit –, was sie zu einer exzellenten Projektleiterin macht, um zusammen mit ihrem Mann Jos den Bau der Starlight zu beaufsichtigen. Als Pikka kurz vor der Einweihungsfeier einen unerklärlichen Anstieg des Energieverbrauchs bemerkt, denkt sie nicht lange nach und verschiebt ihren Urlaub, um das Problem zu beheben.

JOSS ADREN

PRONOMEN: Er/ihn
SPEZIES: Mensch
GRÖSSE: 1,85 m

ZUGEHÖRIGKEIT: Galaktische Republik
ERSTES AUFTRETEN: S: Av

Joss Adren führt es zusammen mit seiner Frau Pikka vom Bau der Starlight direkt in die Schlacht von Kur, wo sie gegen die Nihil kämpfen. Dank Joss' Flugkünsten und Pikkas Hackerfähigkeiten können sie den mysteriösen Mikro-Hyperraumsprüngen der Nihil etwas entgegensetzen. Später schließen sie sich einer Einsatzgruppe an, um die Jagd auf die Nihil fortzusetzen.

HEDDA CASSET

PRONOMEN: Sie/ihr
SPEZIES: Mensch
GRÖSSE: 1,68 m
ZUGEHÖRIGKEIT: Byne-Gilde
ERSTES AUFTRETEN: DLdJ

Die erfahrene Hedda Casset ist Captain der *Legacy Run*. Mit Tausenden Passagieren an Bord sieht sie einer Katastrophe entgegen, als ein Hindernis im Hyperraum auftaucht. Casset bleibt ruhig und versucht, Gefahr vom Schiff abzuwenden. Zwar bricht es auseinander, aber ihr schnelles, entschiedenes Handeln rettet vielen Passagieren das Leben.

SERJ UKKARIAN

PRONOMEN: Er/ihn
SPEZIES: Mensch
GRÖSSE: 1,35 m
ZUGEHÖRIGKEIT: Unbekannt
ERSTES AUFTRETEN: DLdJ

Serj Ukkarian ist Passagier der *Legacy Run*. Er und die anderen Kinder schauen Holos und spielen auf ihrer langen Reise von den Kernwelten zum Äußeren Rand. Als die *Legacy Run* entzweibricht, überlebt Serj die Katastrophe, fürchtet aber irrigerweise, dass er sie verursacht hat, als er sich in die Brückensysteme gehackt hat.

»ES SAH AUS WIE DREI BLITZE.«

– Serj Ukkarian

PEVEL KRONARA

PRONOMEN: Er/ihn
SPEZIES: Mensch
GRÖSSE: 1,75 m
ZUGEHÖRIGKEIT: Galaktische Republik
ERSTES AUFTRETEN: S: Av

Der schroffe militärische Befehlshaber Pevel Kronara hat das Kommando auf dem Kreuzer *Third Horizon*. Er gehört der Republikanischen Verteidigungskoalition an und arbeitet eng mit Kanzlerin Lina Soh und Jedi-Meisterin Avar Kriss zusammen, um nach der Großen Katastrophe dem Volk von Hetzal Prime zu helfen und die Nihil in der Schlacht von Kur zur Strecke zu bringen.

KEVEN TARR

PRONOMEN: Er/ihn
SPEZIES: Mensch
GRÖSSE: 1,70 m
ZUGEHÖRIGKEIT: Hetzal Prime
ERSTES AUFTRETEN: DLdJ

Der brillante, aber schüchterne Techniker Keven Tarr entwickelt einen Algorithmus, der mithilfe von Droiden Orte vorhersagt, wo gefährliche Trümmerteile der *Legacy Run* aus dem Hyperraum austreten werden. Sein improvisiertes Netzwerk schützt seine Heimat Hetzal Prime, eine größere Version später viele andere Planeten der Galaxis. Tarr arbeitet später für die San Tekkas.

»ICH BRAUCHE DROIDEN. EINE MENGE DAVON.«

– Keven Tarr

TIA TOON

PRONOMEN: Er/ihn
SPEZIES: Sullustaner
GRÖSSE: 1,35 m

ZUGEHÖRIGKEIT: Galaktische Republik
ERSTES AUFTRETEN: IZdS

Senator Tia Toon ist der Vertreter Sullusts im Galaktischen Senat. Er glaubt, die Republik verlasse sich zu sehr auf die Jedi als ihre Beschützer und macht sich für das Verteidigungsprogramm stark, ein von der Republik betriebenes und geleitetes Militärprojekt.

IZZET NOOR

PRONOMEN: Er/ihn
SPEZIES: Mensch
GRÖSSE: 1,78 m

ZUGEHÖRIGKEIT: Galaktische Republik
ERSTES AUFTRETEN: DLdJ

Izzet Noor dient Serenno als Senator. Im Namen der Mehrheit der Äußeren Randgebiete verleiht Noor seiner Besorgnis wegen der Sperrungen der Hyperraumrouten Ausdruck, die Kanzlerin Lina Soh nach der Großen Katastrophe veranlasst hat. Ohne dass Noor es ahnt, arbeitet seine Beraterin Jeni Wataro insgeheim für die Nihil.

KITREP SOH

PRONOMEN: Er/ihn
SPEZIES: Mensch
GRÖSSE: 1,68 m

ZUGEHÖRIGKEIT: Galaktische Republik
ERSTES AUFTRETEN: IZdS

Kitrep Soh ist der Sohn von Lina Soh, der Obersten Kanzlerin der Republik. Er begleitet seine Mutter zur Republik-Schau auf Valo, obwohl er Massenaufläufe lieber meidet und ungern im Rampenlicht steht. Kitrep und Jom Lariin, Sohn des Bürgermeisters der Stadt Lonisa auf Valo, schleichen sich vom Messegelände, kurz bevor die Nihil angreifen. Als seine Mutter schwer verletzt wird, bleibt der Junge an ihrer Seite, während sie sich erholt.

CEERIL

PRONOMEN: Er/ihn
SPEZIES: Skembo
GRÖSSE: 91 cm

ZUGEHÖRIGKEIT: Regierung von Rion
ERSTES AUFTRETEN: S: EE

Der infolge der Großen Katastrophe von Trümmern der *Legacy Run* verletzte Ceeril, ein Botschafter vom Planeten Rion, sucht Zuflucht im Medizentrum der Starlight. Nachdem er das Personal der Station mit seinen unaufhörlichen Beschwerden und Wünschen genervt hat, beschuldigt Ceeril einen unschuldigen Hassarianer (dessen Spezies mit den Skembo verfeindet ist) eines versuchten Anschlags auf sein Leben.

»WAS HAT DAS ZU BEDEUTEN?«

– **Ceeril**

KAPITEL 4

BÜRGER

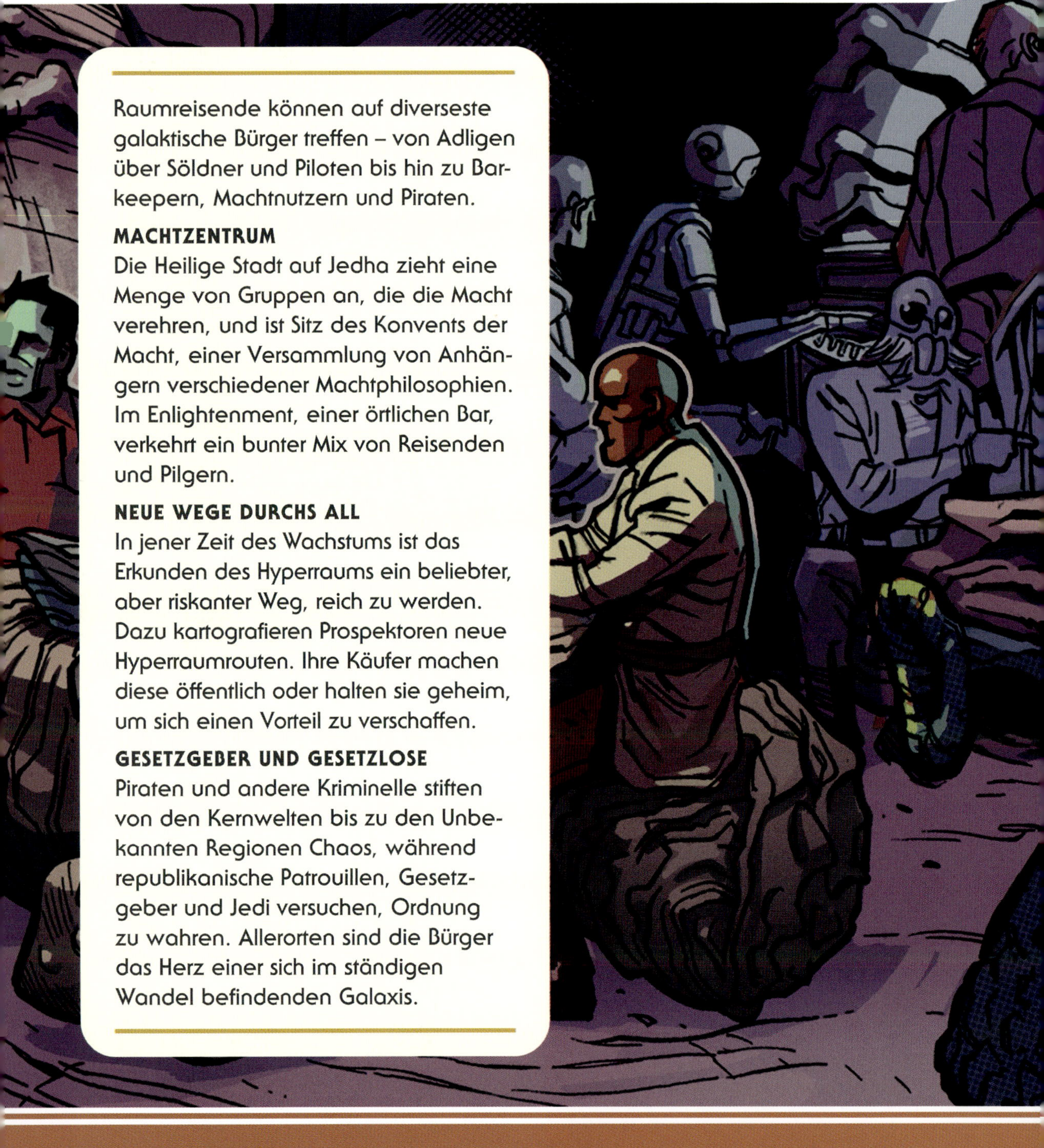

Raumreisende können auf diverseste galaktische Bürger treffen – von Adligen über Söldner und Piloten bis hin zu Barkeepern, Machtnutzern und Piraten.

MACHTZENTRUM
Die Heilige Stadt auf Jedha zieht eine Menge von Gruppen an, die die Macht verehren, und ist Sitz des Konvents der Macht, einer Versammlung von Anhängern verschiedener Machtphilosophien. Im Enlightenment, einer örtlichen Bar, verkehrt ein bunter Mix von Reisenden und Pilgern.

NEUE WEGE DURCHS ALL
In jener Zeit des Wachstums ist das Erkunden des Hyperraums ein beliebter, aber riskanter Weg, reich zu werden. Dazu kartografieren Prospektoren neue Hyperraumrouten. Ihre Käufer machen diese öffentlich oder halten sie geheim, um sich einen Vorteil zu verschaffen.

GESETZGEBER UND GESETZLOSE
Piraten und andere Kriminelle stiften von den Kernwelten bis zu den Unbekannten Regionen Chaos, während republikanische Patrouillen, Gesetzgeber und Jedi versuchen, Ordnung zu wahren. Allerorten sind die Bürger das Herz einer sich im ständigen Wandel befindenden Galaxis.

KONVENT DER MACHT

Jedha ist die Heimat vieler Gruppen, die auf die eine oder andere Art die Macht verehren. Der Konvent der Macht ist eine Versammlung, der es um Frieden und Verständigung zwischen verschiedenen Machtsekten geht. Diese »Synode« vereint Vertreter diverser Gruppen mit unterschiedlicher Vergangenheit und streitbaren Ansichten über die Kraft und die Bedeutung der Macht. Während der Konvent versucht, alle Gruppen zusammenzubringen, ist er auch zum Ziel für jene geworden, die die Macht – und damit auch Machtnutzer – als Gefahr ansehen.

JEDI-ORDEN

Die Jedi glauben, die Macht sei ein von allen lebenden Dingen erzeugtes Energiefeld, das die Galaxis zusammenhält und ihnen ihre Kraft verleiht. Die Jedi sind treu der hellen Seite der Macht ergeben und überzeugt davon, dass Wut, Hass und Furcht zur dunklen Seite führen.

WÄCHTER DER WHILLS

Die Wächter der Whills streben danach, eins mit der Macht zu sein. Sie gehören zu den ältesten Gruppen auf Jedha und beschützen den Tempel des Kyber, die dort verwahrten Artefakte und all die Pilger, die von weit her kommen, um den Tempel zu besuchen.

MATUKAI

Die Matukai sind eine Sekte, die sich selbst als Verteidiger der hellen Seite der Macht ansehen. Wegen ihrer Ansichten haben viele von ihnen eine äußerst negative Meinung über Gruppen, die mit der dunklen Seite assoziiert werden – wie die Yacombe, von denen sie glauben, dass sie die dunkle Seite anbeten.

HEXER VON TUND

Die Hexer von Tund sind Mystiker, die mit der dunklen Seite der Macht in Verbindung gebracht werden. Die Macht nennen sie die »Einheit«.

LONTO

Die Lonto sind Machtnutzer, die sich der hellen Seite und besonders der Natur verbunden fühlen. Durch eine mystische Kraft schützen und heilen sie andere mit Ranken und Blättern.

JÜNGER DER WHILLS

Die Jünger der Whills, die man gemeinhin in roten Roben sieht, streben an, den Willen der Macht durch Meditation zu ergründen. Dabei verschließen sie sich nicht vor der dunklen Seite, da sie glauben, dass diese und die helle Seite stets im Gleichgewicht sein müssen.

FALLANASSI

Die Fallanassi bezeichnen die helle Seite der Macht als Weißen Strom und ihre dunkle Seite als Dunkle Flut. Sie üben sich darin, die helle Seite der Macht zu nutzen, und sind in der Lage, Illusionen ihrer selbst an andere Orte der Galaxis zu projizieren.

KIRCHE DER MACHT

Mitglieder der Kirche der Macht sind nicht für die Macht empfänglich, folgen jedoch vielen der Lehren, die auch der Jedi-Orden vertritt. Wie die Jünger und Wächter der Whills sehen die Mitglieder der Kirche der Macht den Tempel des Kyber als heilige Stätte an.

TARNA MIAK

HEXER VON TUND

PRONOMEN: Er/ihn
SPEZIES: Mensch
GRÖSSE: 1,68 m

ZUGEHÖRIGKEIT: Hexer von Tund, Konvent der Macht
ERSTES AUFTRETEN: DHR (PII)

Tarna Miak vertritt die Hexer von Tund, eine Sekte mit Verbindungen zur dunklen Seite, im Konvent der Macht. Als der Pfad der Offenen Hand einen Namenlosen loslässt, gehört er zu den Ersten, die die Folgen spüren. In jedem Gesicht in der Menge sieht er ein Monster und entfesselt seine Kräfte, bis Jedi-Meister Vildar Mac ihn aus seinem Wahn reißen kann.

HEXER VON FRÜHER

Während der Schlacht von Jedha sucht Tarna zusammen mit Vildar und dessen Padawan Matthea Cathley im Enlightenment Schutz. Als er von Vildars Kindheitserinnerung eines gruseligen Robenträgers hört, erklärt Tarna, dass es ein Hexer von Tund war, der wegen seines Hangs zur dunklen Seite ausgestoßen wurde.

»WAS ICH SICHER NICHT ERWARTET HABE, IST EIN JEDI IN EINER ORDINÄREN PRÜGELEI.«

– **Tarna Miak zu Vildar Mac**

TEY SIRREK

TRICKREICHER SEPHI

PRONOMEN: Er/ihn
SPEZIES: Sephi
GRÖSSE: 1,85 m
ZUGEHÖRIGKEIT: Keine
ERSTES AUFTRETEN: DHR (PII)

Tey Sirrek ist ein früherer Wächter der Whills, der in der Heiligen Stadt auf Jedha lebt. Viele dort sehen ihn als Ärgernis oder Kriminellen. Doch Tey gibt sein Bestes, um Bedürftigen zu helfen – besonders jenen, die sonst keine Hilfe haben. Er kann ein Pheromon produzieren, das Lebewesen bewusstlos werden lässt.

»DAS WILLST DU NICHT TUN, GROSSER. VERTRAU MIR, ICH WEISS ES. DU BIST BESSER ALS DAS.«

– Tey Sirrek zu Vildar Mac

ZWEI SIND EIN TEAM

Tey ist unberechenbar und exzentrisch, was Jedi-Meister Vildar Mac nicht sofort zu schätzen weiß, als sich auf Jedha ihre Wege kreuzen. Aber Vildar sieht schnell über Teys zweifelhaften Ruf hinweg und eine enge Freundschaft entsteht. Tey benutzt einen Sith-Panzerhandschuh, die Hand von Siberius, um Vildar zu beschützen, als ein Namenloser über diesen herfällt, und hilft später, den Jedi-Meister von der dunklen Seite fortzuziehen.

SIRENÉ

PRONOMEN: Sie/ihr
SPEZIES: Mensch
GRÖSSE: 1,63 m
ZUGEHÖRIGKEIT: Fallanassi, Konvent der Macht
ERSTES AUFTRETEN: DHR (PII)

Sirené ist die Abgeordnete der Fallanassi im Konvent der Macht auf Jedha. Deren Anhänger folgen nur der hellen Seite der Macht, die sie den Weißen Strom nennen. Sirené ist empört, als eine Gesandte einer anderen Gruppe, der Yacombe, in den Konvent aufgenommen werden möchte, da sie glaubt, die Yacombe hingen der dunklen Seite der Macht an. Sie zieht ihre beiden Klingen gegen die Gesandte, bricht ihren Angriff auf Drängen von Jedi-Ritterin Oliviah Zeveron aber ab.

»DIE FALLANASSI FOLGEN NUR DEM WEISSEN STROM.«

– **Sirené**

GESANDTE DER YACOMBE

PRONOMEN: Sie/ihr
SPEZIES: Unbekannt
GRÖSSE: 1,65 m
ZUGEHÖRIGKEIT: Yacombe
ERSTES AUFTRETEN: DHR (PII)

Es kommt zu Handgreiflichkeiten, als eine Gesandte der Yacombe – die einst der dunklen Seite der Macht anhingen – sich um einen Sitz im Konvent der Macht bewirbt. Die Yacombe sprechen nicht selbst, daher redet ein Ximpi für die Delegierte. Wie es heißt, soll die Gruppe sich vor vielen Jahren von der dunklen Seite losgesagt haben, nun neutral sein und weder die helle noch die dunkle Seite bevorzugen. Viele Abgeordnete des Konvents bezweifeln das jedoch und sprechen sich vehement gegen die Yacombe aus. Nach einem hitzigen Wortgefecht zieht die Gesandte ihre Anfrage zurück.

»DIE YACOMBE KAMEN NACH JEDHA AUF DER SUCHE NACH EINEM ORT DES FRIEDENS.«

– **Ximpi-Begleiter**

KILAN T'DARA

PRONOMEN: Sie/ihr
SPEZIES: Ayrou
GRÖSSE: 1,60 m

ZUGEHÖRIGKEIT: Kirche der Macht, Konvent der Macht
ERSTES AUFTRETEN: DHR (PII)

Kilan T'Dara ist Abgeordnete der Kirche der Macht im Konvent, einem Beirat für Gruppen, die sich der Macht verschrieben haben, und dessen Vorsitzende. Wie alle Mitglieder der Kirche der Macht ist Kilan nicht machtsensitiv, teilt aber die Überzeugungen des Jedi-Ordens. Als Leiterin des Konvents muss Kilan bei Uneinigkeiten zwischen den Mitgliedern so neutral wie möglich bleiben. Ihr Wunsch, den Frieden zu wahren, bringt sie manchmal in Konflikt damit, aufrichtig zu jenen außerhalb des Konvents zu sein.

»ES IST ZUM BESTEN DER LEUTE.«

– Kilan T'Dara

ELRIS FLORENT

PRONOMEN: Sie/ihr
SPEZIES: Unbekannt
GRÖSSE: 1,73 m

ZUGEHÖRIGKEIT: Jünger der Whills, Konvent der Macht
ERSTES AUFTRETEN: DHR (PII)

Elris Florent gehört den Jüngern der Whills an, die auf Jedha zu den ältesten, die Macht verehrenden Gruppen zählen. Sie lauscht dem Willen der Macht und arbeitet eng mit den Wächtern der Whills zusammen, die den Tempel des Kyber schützen. Elris vertritt die Jünger der Whills im Konvent der Macht. Als eine andere Gruppe von Machtnutzern, die Yacombe, dem Konvent beitreten wollen, bleibt Elris ruhig und zeigt sich offen dafür, sie anzuhören, obwohl andere Mitglieder des Konvents gar Gewalt androhen.

»ICH WEISS, DASS WIR IHREN BEGLEITER ANHÖREN SOLLTEN. DAS SCHULDEN WIR IHNEN.«

– Elris Florent

WARAN VAL

PRONOMEN: Er/ihn
SPEZIES: Kel Dor
GRÖSSE: 1,45 m
ZUGEHÖRIGKEIT: Matukai, Konvent der Macht
ERSTES AUFTRETEN: DHR (PII)

Waran Val ist der Abgeordnete der Matukai im Konvent der Macht auf Jedha. Der von Natur aus argwöhnische Val ist schnell aufgebracht, wenn er sich bedroht fühlt. Er ist ein Meister der Kampfkunst und erhebt bei einer Anhörung des Konvents sein Wan-shen zur Verteidigung der hellen Seite der Macht. Später, als der Herold des Pfads der Offenen Hand vorschlägt, den Konvent aufzulösen, spricht Val sich klar dagegen aus. Er argumentiert, dass die Matukai, ebenso wie die Lonto, in keiner Weise die Macht missbrauchen.

Traditionelle Wan-shen haben an einem Ende eine Klinge und sind Nahkampfwaffen.

»DIE MATUKAI RESPEKTIEREN DIE MACHT.«

– **Waran Val**

SUSALEE

PRONOMEN: Sie/ihr
SPEZIES: Lonto
GRÖSSE: 1,85 m
ZUGEHÖRIGKEIT: Konvent der Macht
ERSTES AUFTRETEN: DHR (PII)

Susalee repräsentiert die Lonto im Konvent der Macht. Diese verehren die helle Seite der Macht und sind stolz auf ihre besondere Verbindung zur Natur. Susalees Machtkräfte erlauben ihr den Gebrauch von Ranken und Blättern als Waffen oder auch Heilmittel. Nach einem Bombenanschlag auf den Tempel des Kyber benutzt sie Tragiablätter, um den verletzten Jedi-Meister Vildar Mac zu heilen. Später verliert Susalee die Beherrschung und geht mit ihren Ranken auf die Menge vor den Türen des Konvents los, als sie unter dem Einfluss der Präsenz eines Namenlosen steht.

»WIR BESCHWÖREN IHRE KRAFT, ABER NUR ZUM GEDEIHEN DER NATUR.«

– **Susalee**

OKLANE VISS

PRONOMEN: Er/ihn
SPEZIES: Falleen
GRÖSSE: 1,60 m
ZUGEHÖRIGKEIT: Wächter der Whills
ERSTES AUFTRETEN: DHR (PII)

Oklane Viss ist der kompromisslose Captain der Wächter der Whills auf Jedha. Er nimmt seine Rolle als Beschützer der im Tempel des Kyber verwahrten Artefakte sehr ernst und hat wenig Geduld mit jedem, der seine Methoden infrage stellt. Viss findet, die Wächter sollten ihren Fokus gänzlich auf den Schutz des Tempels richten und sich nicht groß mit den Verbrechen – oder jeglichen anderen Dingen – beschäftigen, die sich in der Stadt ereignen. Damit steht er im Konflikt mit dem ehemaligen Wächter Tey Sirrek, der für jeden auf Jedha da sein möchte, der Hilfe braucht.

»NICHT MIT EUCH HABEN WIR EIN PROBLEM, JEDI, SONDERN MIT DIESEM VERRÄTER!«

– Oklane Viss über Tey Sirrek

MYTION

PRONOMEN: Er/ihn
SPEZIES: Mensch
GRÖSSE: 1,75 m
ZUGEHÖRIGKEIT: Bruderschaft der Neunten Pforte
ERSTES AUFTRETEN: DSvJ

Mytion ist einer der Brüder der Neunten Pforte, eine Gruppe, die Knochenmasken trägt, von denen einige glauben, sie seien aus Schädeln ihrer eigenen Toten gefertigt. Die Brüder können anderen den Verstand vernebeln, um ihr Erscheinungsbild zu verändern. Sie gehören nicht dem Konvent der Macht an und predigen nicht wie der Pfad der Offenen Hand, sondern halten sich lieber bedeckt. Mytion verschwört sich mit dem Prospektor Tilson Graf zu einem Bombenanschlag auf die Unterzeichnung eines Waffenstillstandsabkommens zwischen Eiram und E'ronoh, da er hofft, seine Gruppe werde in der Öffentlichkeit an Sympathie gewinnen, wenn sie beim Wiederaufbau der Stadt hilft.

»ICH WERDE EINE NEUE LOGE FÜR MEINEN ORDEN BAUEN – EINEN NEUEN ORT DER VEREHRUNG UNTER DEN TEMPELN DER ANDEREN RELIGIONEN … DIE BRÜDER WERDEN DA SEIN, UM BEIM WIEDERAUFBAU ZU HELFEN. WIR WERDEN DEN RESPEKT DES VOLKES GEWINNEN UND WIE ES UNS GEBÜHRT VOM KONVENT ANERKANNT UND AUFGENOMMEN WERDEN.«

– Mytion über die Brüder der Neunten Pforte

MAZ KANATA

PIRATENKÖNIGIN

Brille mit Gläsern von variabler Stärke

Maz' Gürtelschnalle enthält ein Geheimfach.

PRONOMEN: Sie/ihr
SPEZIES: Unbekannt
GRÖSSE: 1,25 m
ZUGEHÖRIGKEIT: Maz' Bande
ERSTES AUFTRETEN: DHRA (PI)

Die weitsichtige und weise Maz Kanata ist machtsensitiv, aber keine Jedi. Sie hat sich im Lauf ihres langen Lebens den Respekt von Schurken, Schmugglern und Jedi erworben. Ihre Basis ist ein Schloss auf Takodana, einem Planeten im Mittleren Rand, wo sie jeden Gast willkommen heißt. Zu ihrer Bande gehören der Hyperraumprospektor Dexter Jettster und Undercover-Padawan Sav Malagán.

TREUE CREW

Maz' Bande geht mit ihrem Schiff, der *Venomed Scabbard,* auf viele Missionen, wobei Maz auf die Hoover Abadoo vertraut, die das Schiff am Laufen hält. Als sie einer Verbrecherbande, den Dank Graks, nachspürt, wird Maz entführt. Ihre Crew bricht rasch auf, um sie zu suchen. Maz weckt Vertrauen in Mitstreitern wie flüchtigen Bekannten. Ihre Freundschaft mit Sav Malagán hält über 100 Jahre.

»MACHT EUCH BEREIT FÜR MAXIMALES CHAOS!«

– **Maz Kanata**

DEXTER JETTSTER

NAMHAFTER HYPERRAUMPROSPEKTOR

PRONOMEN: Er/ihn
SPEZIES: Besalisk
GRÖSSE: 1,88 m
ZUGEHÖRIGKEIT: Maz' Bande
ERSTES AUFTRETEN: DHRA (PII)

Der exzellente Hyperraumprospektor und noch bessere Geschichtenerzähler Dexter Jettster liebt es, inmitten umtriebiger Mengen im Mittelpunkt zu stehen. Dexter kann andere gut einschätzen und hält stets wachsam seine Umgebung im Auge – durchaus nützlich, wenn man an der rauen und oft gefährlichen Grenze neue Hyperraumrouten kartografiert.

VERSCHWORENE CREW

Dexter ist Maz Kanata eng verbunden, aber bereit, Sav Malagáns Geheimnis, dass sie machtsensitiv ist, zu bewahren. Er denkt, Sav könne eine wichtige Verbündete werden. Als Maz von den Dank Graks entführt wird, begibt sich der Rest ihrer Bande unter Dexters Führung auf die Suche nach ihr. Sie folgen den Graks nach Jedha, das vom Pfad der Offenen Hand belagert wird.

»KOMM, KLEINE, WIR MÜSSEN MAZ ERZÄHLEN, WAS WIR GEHÖRT HABEN.«

– Dexter Jettster zu Sav Malagán

ALAK

PRONOMEN: Er/ihn
SPEZIES: Mensch (Cyborg)
GRÖSSE: 2,26 m
ZUGEHÖRIGKEIT: Maz' Bande
ERSTES AUFTRETEN: DHRA (PII)

Alak ist ein raubeiniger Pirat, der sich auf Takodana Maz Kanatas Bande von Schmugglern und Gesetzlosen anschließt. Er ist kaum zu übersehen, da Kopf und Oberkörper von Tattoos übersät sind und der untere Teil seines großen Körpers mit kybernetischen Spinnenbeinen aufwartet. Man erzählt sich, Alak habe einst allein eine Kampfstation eingenommen und einen ganzen Planeten vor Invasoren gerettet. Der in vielen Systemen gesuchte Alak hat eine komplizierte Beziehung zum Piratenjäger Inspektor Raf, über die er zu gern redet.

STILLE SHAN

PRONOMEN: Sie/ihr
SPEZIES: Mensch (Cyborg)
GRÖSSE: 1,73 m
ZUGEHÖRIGKEIT: Maz' Bande
ERSTES AUFTRETEN: DHRA (PII)

Die stille Shan ist Mitglied von Maz Kanatas Piratenbande und Schützling des tätowierten Gesetzlosen Alak. Shan redet selten, und es heißt, wenn sie mal den Mund aufmacht, ist der Ärger nicht weit. Keiner weiß näheres über Shans Helm, der ihr Gesicht zur Hälfte verdeckt. Gerüchten zufolge hat die letzte Person, die sie danach gefragt hat, die Unterhaltung nicht überlebt. Shan ist eher argwöhnisch, was Fremde angeht, und ein wenig launisch verglichen mit ihren wilden Piratenkollegen, doch diese können sich auf einer Mission stets auf sie verlassen.

COROMONT VIZZLE

PRONOMEN: Er/ihn
SPEZIES: Unbekannt
GRÖSSE: 1,85 m
ZUGEHÖRIGKEIT: Maz' Bande

ERSTES AUFTRETEN:
DHRA (PII)

Coromont Vizzle ist ein heiterer, geselliger Krimineller, der sich Maz Kanatas Piratenbande anschließt. Oft hört man ihn Lieder über seine Abenteuer singen (die er selbst geschrieben hat). Vizzle wird derart oft verhaftet, dass ein Gericht veranlasst, dass ihn ein Begleitoffizier ständig im Auge behält – weshalb man ihn und den winzigen Officer Rado regelmäßig darüber streiten sieht, ob in einer Situation, in die Vizzle sich gebracht hat, auch wirklich alles mit rechten Dingen zugegangen ist.

THERM SCISSORPUNCH

PRONOMEN: Er/ihn
SPEZIES: Nephraner
GRÖSSE: 1,96 m
ZUGEHÖRIGKEIT: Maz' Bande

ERSTES AUFTRETEN:
DHRA (PII)

Therm Scissorpunch gibt gern mit seinen Piratenabenteuern an. Zwar fragen sich viele, wie viel Wahrheit in einigen seiner Geschichten steckt, doch wegen seiner großen, mächtigen Scherenhände nehmen die meisten ihn beim Wort. Scissorpunch verbringt den Großteil seiner Zeit in Maz Kanatas Schloss auf Takodana, wo er gern die ein oder andere Partie Karten spielt oder mit Maz' Bande zu diversen Missionen aufbricht.

RADICAZ »SUNSHINE« DOBBS

OPPORTUNISTISCHER HYPERRAUMPROSPEKTOR

PRONOMEN: Er/ihn
SPEZIES: Mensch
GRÖSSE: 1,70 m
ZUGEHÖRIGKEIT: Keine
ERSTES AUFTRETEN: DPdT

Hyperraumprospektor Radicaz »Sunshine« Dobbs ist für sein Navigationstalent und seine Liebe zum Spiel bekannt. Mit seinem Schiff, der *Scupper,* sammelt er antike Artefakte, die er an den Höchstbietenden verkauft. Dobbs' Geldgier geht so weit, dass er auf der Suche nach einer Route zum mysteriösen Planeten X den Prospektor Spence Leffbruk verrät.

TÖDLICHES GESCHENK

Dobbs besorgt der Anführerin des Pfads der Offenen Hand etwas, das er für ein Juwel mit starker Verbindung zur Macht hält. Tatsächlich ist es ein Ei mit einem Namenlosen, einer Kreatur, die Machtnutzer töten kann. Von der Mutter in ihren Bann gezogen, willigt Dobbs ein, ihr auf jede erdenkliche Art zu helfen. Er begleitet Pfadmitglieder nach Jedha, um beim Stehlen weiterer Machtartefakte zu helfen, und kehrt zu Planet X zurück, um der Mutter noch mehr Eier zu bringen.

»WAS UNS NICHT UMBRINGT, MACHT UNS REICHER.«

– Radicaz »Sunshine« Dobbs

SPENCE LEFFBRUK

PRONOMEN: Er/ihn
SPEZIES: Mensch
GRÖSSE: 1,73 m
ZUGEHÖRIGKEIT: Keine
ERSTES AUFTRETEN: DSndvS

Hyperraumprospektor Spence Leffbruk lebt dafür, neue Welten zu entdecken. Mit Sohn Dass kartografiert Leffbruk Routen im Äußeren Rand und lässt sich dabei nicht von einer alten Armverletzung ausbremsen, die ihn stets an den Unfall erinnert, bei dem seine Frau starb. Leffbruk lässt sich auf einen Deal mit Prospektor Radicaz »Sunshine« Dobbs ein, als beide zu demselben mysteriösen Planeten unterwegs sind. Doch Dobbs verrät Vater und Sohn und lässt sie auf dem vor Monstern wimmelnden Planeten Gloam zurück. Dennoch behält Leffbruk seinen Sinn für Humor, als er und sein Sohn um ihr Leben kämpfen.

»ICH HABE DEINER MUTTER VERSPROCHEN, AUF DICH AUFZUPASSEN.«

– Spence Leffbruk zu Dass

KATIKOOT

SPEZIES: Katikoot
GRÖSSE: 2,44 m
ZUGEHÖRIGKEIT: Katikoot
ERSTES AUFTRETEN: DSndvS

Die Katikoot leben auf dem Planeten Aubadas unter der Führung von Kittik. Kittiks Tochter Mittik hilft den Jedi Rooper Nitani und Silandra Sho, auf dem Nachbarplaneten Gloam nach einem vermissten Jedi zu suchen. Dort findet Mittik heraus, dass ihr Volk von Gloam stammt. Sie will den noch verbliebenen mineralischen Treibstoff in den dortigen Minen gewinnen, um die nachlassenden Energiereserven ihres Volkes aufzustocken. Aber Mittiks Cousin Rillik verrät die anderen Minenarbeiter und entfesselt Monster aus den Tiefen der Mine. Er will, dass diese alle Zeugen töten, damit er allein den Treibstoff gewinnbringend verkaufen kann.

»DIE KATIKOOT KÜMMERN SICH VON JETZT AN SELBST UM IHRE PROBLEME.«

– Mittik

DASS LEFFBRUK

AUFSTREBENDER HYPERRAUMPROSPEKTOR

PRONOMEN: Er/ihn
SPEZIES: Mensch
GRÖSSE: 1,55 m
ZUGEHÖRIGKEIT: Keine
ERSTES AUFTRETEN: DSndvS

Dass Leffbruk bereist schon sein ganzes Leben lang mit seinem Vater Spence die Galaxis, um alles zu lernen, was ein Hyperraumprospektor wissen muss. Dass träumt davon, ein Aufklärer zu werden, fürchtet jedoch, dass sein Vater es nicht gutheißen wird. Dass ist mitunter etwas schüchtern, beweist aber Mut, als Prospektor »Sunshine« Dobbs ihn und seinen Vater verrät.

AUF EIGENEN PFADEN

Nach Dobbs Verrat will Dass etwas ändern. Statt sich für die Hyperraumjagd dem Team seines Vaters anzuschließen, tut er sich mit seinen neuen Freunden zusammen, Padawan Rooper Nitani und Pilot Sky Graf. Dass will zum mysteriösen Planeten X gelangen, um das verschollene Schiff seines Vaters samt des einzigen Holos seiner Mutter zu bergen.

»NEUE HYPERRAUMROUTEN AUSZUKUNDSCHAFTEN, IST AUF GEFÄHRLICH. ICH BIN BEREIT!« – **Dass Leffbruk**

SKY GRAF

HYPERRAUMKUNDSCHAFTERE MIT AMBITIONEN

PRONOMEN: Xier/xiem
SPEZIES: Mensch
GRÖSSE: 1,57 m
ZUGEHÖRIGKEIT: Familie Graf
ERSTES AUFTRETEN: AdSnPX

Selbstbewusst, begabt und etwas waghalsig – Sky Graf will sich xieser mächtigen Familie von Hyperraumprospektoren beweisen. Ob des Drucks, deren Ruhm und Reichtum zu mehren, wirkt Sky mitunter dreist und egoistisch. Aber Skys Verlangen, zum Planeten X zu gelangen, ist auch von der Hoffnung getrieben, xieren Vater zu finden, der für tot gehalten wird, nachdem er bei einer Mission dort verschwand.

NEUE PRIORITÄTEN

Als Teil der Familie Graf ist Sky es gewohnt, stets zu bekommen, was xier will. Anfangs ist Sky nur darauf aus, xiesen Vater zu finden, willigt aber ein, einen Abstecher zum Planeten Dalna zu machen, damit Padawan Rooper Nitani ihre Meisterin wiedertreffen kann. Sky repariert Dalnas Kommunikationsbojen, die vom Pfad der Offenen Hand sabotiert wurden.

»DIE MEISTEN LEUTE GLAUBEN, DASS PLANET X ÜBERHAUPT NICHT EXISTIERT. ODER ZUMINDEST, DASS DIE SUCHE DIE MÜHE NICHT LOHNT.«

– Sky Graf

DAS ENLIGHTENMENT

BARSZENE
Wer das Enlightenment besucht, dem wird als Erstes die große rote Tür mit dem Namen der Bar darüber auffallen. Bewacht wird sie von den Zwinkerschwestern, bulligen, gloovanischen Türsteherinnen, die jeden hinausbefördern, der über die Stränge schlägt. An der Theke finden sich Stammgäste wie Moona, Piralli und Keth Cerapath, die ihre Zungen mit Retsa oder blauem Mappa lösen. Die Iktotchi Madelina sorgt mit ihrer Elektroharfe für passende musikalische Untermalung, die mancher beruhigend findet, obwohl alles etwas wirr klingt und sich ständig wiederholt. Bei all der Musik, dem Gerede und dem Gelächter bekommen Gäste nicht selten die haarsträubendsten Geschichten zu hören.

Die Gäste der Bar mögen nicht die spirituelle Erleuchtung finden, die ihr Name verheißt, aber in Jedhas Enlightenment können alle friedlich zusammenkommen, egal woran sie glauben. Besitzer Kradon Minst gesellt sich oft zu seinem Barkeeper Chantho hinter die Theke, um Drinks zu servieren. Er macht das Beste aus seinem bunten Mix an Gästen und schlägt auch als Informationshändler aus deren Tratsch Profit. Viele, die auf Jedha oder in der Nähe zu tun haben, besuchen des Enlightenment – seien es geheimnisvolle Machtanbeter, Jedi, staubige Droiden oder Hyperraumprospektoren.

ALLE MEINUNGEN WILLKOMMEN
Die Tür des Enlightenment steht jedem offen – ob er an die helle Seite, die dunkle Seite oder sonst etwas glaubt. Daher entbrennen oftmals lebhafte, aber (meist) freundliche Diskussionen über das Wesen der Macht und des ganzen Universums. Unterhaltungen werden gemeinhin laut und wild geführt – ganz anders, als

man es von den lokalen Stätten der Anbetung gewohnt ist, wo es leise und ehrfürchtig zugeht. Doch der Gedankenaustausch im Enlightenment ist zumeist vertrauensvoll und Anhänger diverser Sekten wünschen sich alles Gute, ehe sie mit ihrem jeweiligen Glauben wieder ihrer Wege ziehen.

HINTERTÜR

Während der Schlacht von Jedha wird die Bar belagert. Kradon hält den Laden am Laufen, selbst als Leute von draußen in der Bar Zuflucht suchen. Die Menge dringt letztlich dort ein und zerstört die Hintertür. Doch Kradon hat Energiefelder installiert, die die Bar abschirmen, selbst wenn die physischen Mauern eingerissen werden. Der gerissene Kradon verheimlicht auch, dass eine Geheimtür zu einem alten Schmugglertunnel führt, noch aus der Zeit, als die Jedi stärker auf Jedha vertreten waren. Er führt bis zur Wüste außerhalb der Stadt. Obwohl der Gang baufällig und von Ungeziefer befallen ist, kann er zur Not als Fluchtweg dienen.

KRADON MINST

BESITZER DES ENLIGHTENMENT

PRONOMEN: Er/ihn
SPEZIES: Villarandi
GRÖSSE: 1,22 m

ZUGEHÖRIGKEIT: Enlightenment
ERSTES AUFTRETEN: GadE: NP

Kradon Minst besitzt das Enlightenment auf Jedha, in dem Wesen jeden Glaubens und jeder Spezies auf einen Drink vorbeischauen können. Kradon rühmt sich, eine Quelle nützlicher Informationen zu sein – da er in seiner Bar stets Gerüchten und Geheimnissen lauscht. Weder Infos noch Drinks gibt es gratis – außer für geneigte Stammgäste wie Keth Cerapath.

»ALLE SIND IM ENLIGHTENMENT WILLKOMMEN … SOLANGE SIE IHRE RECHNUNG BEZAHLEN.«

– Kradon Minst

BEZIEHUNGEN ZU DEN JEDI

Kradon beschäftigt zwei einschüchternde, als Zwinkerschwestern bekannte Türsteherinnen, die den Vordereingang im Blick behalten. Er vertraut den Jedi nicht und denkt, dass sie ein Lichtschwert eher gegen ihn als zu seiner Hilfe einsetzen würden. Dennoch heißt er auch Jedi in seiner Bar willkommen. Kradon gibt Keth Cerapath und der Jedi Silandra Sho eine für ihre Mission benötigte Info und hilft während der Schlacht von Jedha Tey Sirrek, Vildar Mac und Matty Cathley bei der Flucht.

KETH CERAPATH

PRONOMEN: Er/ihn
SPEZIES: Mensch
GRÖSSE: 1,73 m
ZUGEHÖRIGKEIT: Jedi, Enlightenment
ERSTES AUFTRETEN: GadE: NP

Keth Cerapath arbeitet im Tempel des Kyber. Seine Tage verbringt er damit, dort den Boden zu wischen und im Enlightenment zu verweilen. Keth ist seines Alltags überdrüssig und träumt von einem Abenteuer, das ihm hilft, sich einen Namen zu machen. Sein Wunsch wird wahr, als er den republikanischen Vertreter Morton San Tekka zu den Friedensverhandlungen zwischen Eiram und E'ronoh begleitet. Aber als Morton bei einer Explosion stirbt und alles ins Chaos gestürzt wird, hilft Keth der Jedi Silandra Sho, die Schuldigen zu finden. Er hilft auch, Überlebende in Sicherheit zu bringen, kommt aber tragischerweise um, als er Silandra beschützt.

»ALLES, WAS ICH WILL, IST ETWAS NERVENKITZEL.«

– Keth Cerapath

ZWINKERSCHWESTERN

PRONOMEN: Sie/ihr (beide)
SPEZIES: Gloovanerin
GRÖSSE: 2,29 m
ZUGEHÖRIGKEIT: Enlightenment
ERSTES AUFTRETEN: GadE: NP

Die Zwinkerschwestern, Camille und Delphine, sind die Türsteherinnen des Enlightenment. Sie stellen sicher, dass niemand in der Bar Krawall macht oder sich verdrückt, ohne zu bezahlen. Als während der Schlacht von Jedha Aufrührer eindringen wollen, schlagen die beiden diese mit Betäubungsschüssen ihrer Blaster zurück. Sie beschützen auch die Jedi Vilmar Mac und Matty Cathley sowie deren Freund Tey Sirrek, die von dem wütenden Mob in die Bar gedrängt wurden. Obwohl außer Barbesitzer Kradon und wenigen Vertrauten keiner davon wissen sollte, verrät Camille, dass es unter dem Boden des Enlightenment einen geheimen Fluchtweg gibt.

P3-7A

PRONOMEN: Er/ihn
TYP: Kirchendroide
GRÖSSE: 1,52 m
ZUGEHÖRIGKEIT: Keth Cerapath
ERSTES AUFTRETEN: DSvJ

P3-7A ist der Begleiter von Keth Cerapath. Er wurde einst ausgemustert und als Schrott verkauft, aber von einigen Bonbraks wieder zusammengebastelt. Sein Vocoder gehörte früher einem Droiden der Kirche der Macht, daher spricht er in Zitaten heiliger Schriften.

»SELIG SIND DIE, DIE DEN PFAD DES LICHTS BESCHREITEN.«

– P3-7A

JINX PICKWICK

PRONOMEN: Sie/ihr
SPEZIES: Mensch
GRÖSSE: 1,68 m
ZUGEHÖRIGKEIT: Dalna
ERSTES AUFTRETEN: DPdT

Die geradlinige Jinx Pickwick beschützt das Tal rund um Ferdan als Sheriff. Ferdan ist die der Anlage des Pfads der Offenen Hand am nächsten gelegene Stadt auf Dalna. Als Jinx eine Flutwarnung erhält, sagt sie Pfadmitglied Marda Ro und deren Jedi-Freund Kevmo Zink, dass starke Regenfälle erwartet werden.

»ICH WURDE GEWÄHLT, UM DAFÜR ZU SORGEN, DASS JEDER HIER IM TAL SICHER IST.«

– Jinx Pickwick

PIRALLI

PRONOMEN: Er/ihn
SPEZIES: Sullustaner
GRÖSSE: 1,52 m
ZUGEHÖRIGKEIT: Keine
ERSTES AUFTRETEN: GadE: NP

Piralli ist ein Hafenarbeiter von Jedha, der oft mit seiner guten Freundin Moona an der Theke des Enlightenment sitzt, wo er bei einem Drink Witze macht und über alberne Dinge diskutiert. Den befreundeten Stammgast Keth Cerapath zieht er oft wegen der Macken seines Droiden P3-7A auf. Piralli feiert gern mit seinen Freunden, sieht aber vieles negativ und gerät bisweilen mit anderen Leuten aneinander.

»WILLST DU NOCH EINEN?«

– Piralli

MOONA

PRONOMEN: Sie/ihr
SPEZIES: Twi'lek
GRÖSSE: 1,80 m
ZUGEHÖRIGKEIT: Keine
ERSTES AUFTRETEN: GadE: NP

Die frühere Piratin Moona ist Stammgast im Enlightenment auf Jedha. Sie ist oft mit Hafenarbeiter Piralli zu sehen, mit dem sie zynisch über andere Gäste oder über alles vom Massenauflauf beim Fest des Gleichgewichts bis hin dazu, dass Keth wieder zu spät zu ihrer Runde stößt, lästert. Nach der Schlacht von Jedha spendiert Moona der Jedi Silandra Sho einen Drink.

»WO SOLLTE ICH AUCH SONST SEIN?«

– Moona

HELIS GRAF

PRONOMEN: Er/ihn
SPEZIES: Mensch
GRÖSSE: 1,75 m
ZUGEHÖRIGKEIT: Familie Graf
ERSTES AUFTRETEN: AdSnPX

Helis Graf ist Sky Grafs älterer Bruder und Besitzer des Schiffs *Brightbird*. Als Helis mit der Organisation der Hyperraumjagd zu tun hat, stiehlt Sky die *Brightbird*, um Planet X zu suchen. Helis verfolgt Sky und hackt sich in die Bordkontrollen, um sie sich zurückzuholen. Er ist wütend auf den jüngeren Spross der Familie, hofft aber, dass Sky nichts passiert.

»ICH LASS DICH HIER NICHT WEG, SKY! DAS IST MEIN SCHIFF! DAS IST MEIN WETTBEWERB!«

– Helis Graf

TILSON GRAF

PRONOMEN: Er/ihn
SPEZIES: Mensch
GRÖSSE: 1,70 m
ZUGEHÖRIGKEIT: Familie Graf
ERSTES AUFTRETEN: DSvJ

Der von den Grafs verstoßene Tilson Graf kommt nach Jedha – angeblich, um Zeuge der historischen Unterzeichnung des Friedensvertrags zwischen Eiram und E'ronoh zu sein. Tatsächlich aber arrangiert Tilson einen Bombenanschlag auf die Zeremonie, ehe er seine geheime Partnerin aufsucht – die Mutter des Pfads der Offenen Hand.

»WIR WISSEN BEIDE, ES ZAHLT SICH NICHT AUS, LOSE ENDEN ZURÜCKZULASSEN.«

– Tilson Graf

MORTON SAN TEKKA

PRONOMEN: Er/ihn
SPEZIES: Mensch
GRÖSSE: 1,73 m
ZUGEHÖRIGKEIT: San-Tekka-Clan
ERSTES AUFTRETEN: DSvJ

Morton San Tekka soll bei der Unterzeichnung des Friedensvertrags zwischen Eiram und E'ronoh als neutraler Vertreter fungieren – in weitgehend zeremonieller Funktion. Dennoch sichert er sich die Hilfe des Einheimischen Keth Cerapath, damit alles gut geht. Leider fällt Morton einem Bombenanschlag zum Opfer.

»ES IST EINE ZIEMLICHE EHRE FÜR EINEN SAN TEKKA, FÜR SO EINE WICHTIGE SACHE AUSGEWÄHLT ZU WERDEN.«

– Morton San Tekka

RIC FARAZI

PRONOMEN: Sie/ihr
SPEZIES: Zeltronerin
GRÖSSE: 1,75 m
ZUGEHÖRIGKEIT: Keine
ERSTES AUFTRETEN: DPdR

Journalistin Ric Farazi geht Gerüchten zu kriminellen Vorgängen auf Dalna nach. Ihre Fragen führen sie zum Pfad der Offenen Hand. Farazi hält die Anhänger des Pfads zwar für wahre Gläubige, fragt sich aber, ob die »Mutter« etwas mit den vermissten Artefakten und Waffen zu tun hat.

»DIE PFADMITGLIEDER MEINTEN, SIE SEI VÖLLIG UNERWARTET ZU IHNEN GEKOMMEN UND HABE BEHAUPTET, VISIONEN DER MACHT ZU HABEN.«

– Ric Farazi über die Mutter

AXEL GREYLARK

CHARMANTER SCHURKE VON CORUSCANT

PRONOMEN: Er/ihn
SPEZIES: Mensch
GRÖSSE: 1,78 m

ZUGEHÖRIGKEIT: Galaktische Republik, Pfad der Offenen Hand
ERSTES AUFTRETEN: DVs

Der kluge und charmante Axel Greylark hat den Ruf eines privilegierten Partyboys. Als Sohn von Kanzlerin Kyong Greylark fühlt er sich eingeengt und hat den Tod seines Vaters nie recht verarbeitet. Axels rebellische Art und der Wunsch nach Akzeptanz machen ihn zum idealen Ziel für die »Mutter«, die für den Pfad der Offenen Hand neue Mitglieder sucht.

SUCHE NACH ERLÖSUNG

Axel gibt den Jedi die Schuld am Tod seines Vaters, aber ist sofort beeindruckt, als er die Jedi Gella Nattai trifft. Trotz der Anweisung der Mutter, Gella loszuwerden, will er ihr helfen. Letzten Endes verlässt Axel den Pfad und versucht, Wiedergutmachung für seine Verbrechen zu leisten.

»ICH HABE EINEN TEIL MEINES LEBENS DAMIT VERBRACHT, DEN PERFEKTEN GREYLARK ZU GEBEN, UND EINEN ANDEREN, DAS BESTE VOM SCHLIMMSTEN ZU SEIN.« – **Axel Greylark**

PHAN-TU ZENN

PRONOMEN: Er/ihn
SPEZIES: Mensch
GRÖSSE: 1,83 m
ZUGEHÖRIGKEIT: Eiram
ERSTES AUFTRETEN: DVs

Phan-tu Zenn, der adoptierte Sohn von Königin Adrialla von Eiram, wächst als Erbe von Eiram auf, nimmt sich jedoch eine Auszeit von seinen royalen Pflichten, um Bedürftigen zu helfen. Xiri A'lbaran, die Erbin von E'ronoh, das seit vielen Jahren mit Eiram im Krieg liegt, schlägt Phan-tu eine Heirat vor, um politische Bande zwischen den beiden Planeten zu knüpfen. Phan-tu willigt ein, weil er sich Frieden wünscht. Als zunächst die Unterzeichnung eines Friedensvertrags platzt, bleiben die Frischvermählten auf ihren jeweiligen Welten. Aber Phan-tu versteckt sich auf Xiris Schiff, als diese nach Dalna fliegt, um gegen den Pfad der Offenen Hand zu kämpfen.

»WAS WIR AUCH TUN, LASS ES UNS GEMEINSAM MACHEN.«

– Phan-tu Zenn zu Xiri A'lbaran

XIRI A'LBARAN

PRONOMEN: Sie/ihr
SPEZIES: Mensch
GRÖSSE: 1,68 m
ZUGEHÖRIGKEIT: E'ronoh
ERSTES AUFTRETEN: DVs

Als Tochter von E'ronohs Monarch lernt Xiri früh, zu herrschen und zu kämpfen. Sie dient als Captain einer Eliteeinheit von Sternenjägern und arrangiert eine Hochzeit mit Phan-tu Zenn, dem Erben von Eiram, da sie hofft, so Frieden zwischen beiden Welten herbeizuführen. Beide kämpfen Seite an Seite gegen den Pfad der Offenen Hand und bauen eine echte Bindung auf. In der Schlacht von Dalna kämpft Xiri gemeinsam mit Soldaten von Eiram und E'ronoh, um die Droiden des Pfads zu besiegen. Sie und Phan-tu schließen einen neuen Friedensvertrag zwischen ihren Welten und beenden den Krieg, von dem viele dachten, er würde ewig währen.

»ICH BIN BEREIT, ALLES ZU GEBEN, UM DIE BESTMÖGLICHE ZUKUNFT FÜR UNSER VOLK ZU SICHERN.«

– Xiri A'lbaran

ARKIK VON

BANDENFÜHRER DER DANK GRAKS

Ein Vokalisator übersetzt seine Worte in Basic.

Kapuze und Umhang sind in die Rüstung integriert.

PRONOMEN: Er/ihn
SPEZIES: Geonosianer
GRÖSSE: 1,68 m
ZUGEHÖRIGKEIT: Dank Graks, Hexer von Tund (früher)
ERSTES AUFTRETEN: DHRA (PII)

Arkik Von gehörte früher den Hexern von Tund an, einer geheimnisvollen Gruppe von Beschwörern der dunklen Seite. Arkik schart nun die Dank Graks um sich, eine gesetzlose Verbrecherbande, die dasselbe Ziel wie er verfolgt: Takodana der Kontrolle von Maz Kanata und den Jedi zu entreißen.

DIE *GRIM DEVOURER*

Arkik fliegt mit seinem Schiff *Grim Devourer* nach Jedha. Dort hilft er dem Pfad der Offenen Hand beim Anzetteln eines Kriegs, entführt Maz Kanata und nimmt die Jedi Sav Malagán bei den Dank Graks auf, nachdem er sie einigen Prüfungen unterzogen hat. Dann kehrt Arkik mit Maz als Gefangener nach Takodana zurück und beansprucht den Planeten für sich.

»MEINE TODESDROIDEN WERDEN SIE UNVERZÜGLICH AUSSCHALTEN!«

– Arkik Von

LADY VON ANGCORD

PRONOMEN: Sie/ihr
SPEZIES: Mensch
GRÖSSE: 1,65 m
ZUGEHÖRIGKEIT: Angcord
ERSTES AUFTRETEN: DHRA: DSdJ

Die Lady von Angcord herrscht über ein jahrhundertealtes Königreich, die einzige Zivilisation auf dem tristen Planeten Angcord. Sie wird von ihrer Garde, den Pilgerkriegern, beschützt. Die Lady bezieht Kraft aus einem als Echostein bekannten Machtartefakt, ahnt aber nichts von dessen dunkler Seite. Als sie feststellt, dass etwas Pflanzen tötet und ihre Ernte verdirbt, begrüßt sie die Hilfe der Jedi Barnabas Vim und Vix Fonnick. Vim offenbart den schädlichen Einfluss des Steins, sodass die Lady nur einen Teil davon behält, von dem sie hofft, dass er das Leben auf dem Planeten wiederherstellen kann.

»ICH FÜRCHTE, UNSERE WELT LIEGT IM STERBEN.« – **Lady von Angcord**

ERSTER PILGER

PRONOMEN: Er/ihn
SPEZIES: Unbekannt
GRÖSSE: 1,60 m
ZUGEHÖRIGKEIT: Angcord
ERSTES AUFTRETEN: DHRA: DSdJ

Der Erste Pilger führt die Pilgerkrieger der Lady von Angcord an, die den machtvollen Echostein beschützen. Er ist der Lady treu ergeben, ahnt aber nicht, dass der Echostein sie mit seinem dunklen Einfluss korrumpiert hat. Als die Jedi Barnabas Vim und Vix Fonnick eintreffen, um den Stein zu untersuchen, ist der Erste Pilger außer sich. Doch der Anblick des korrumpierten Äußeren der Lady – Folge der dunklen Kräfte des Steins – geben ihm zu denken. Als die Jedi den Stein zerstört haben, will der Erste Pilger sie zuerst töten, beweist aber seine Loyalität gegenüber der Lady und folgt deren Befehl, sie gehen zu lassen.

»WOLLT IHR SEHEN, WIE WAHRE MACHTKRIEGER AUSSEHEN?« – **Erster Pilger**

BOKANA KOSS

PRONOMEN: Er/ihn
SPEZIES: Ovissianer
GRÖSSE: 1,96 m
ZUGEHÖRIGKEIT: Pfad der Offenen Hand
ERSTES AUFTRETEN: DPdR

Der ehemalige Söldner Bokana Koss ist noch recht neu im Pfad der Offenen Hand. Marda Ro und Jedi Silandra Sho retten ihn vor Aufrührern, und er reist mit Marda zu Planet X, um Eier von Namenlosen zu holen. Bokanas aufkeimende Romanze mit Marda gerät ins Stocken, als er Machtkräfte zu entwickeln scheint. Als sie dann auf dem fremdartigen Planeten von Monstern angegriffen werden, reißt Bokana eins von ihnen fort vom Schiff und opfert sich, damit der Rest der Gruppe entkommen kann.

»WIR ALLE HABEN SCHLIMMES DURCHGEMACHT. UND WIR ALLE HABEN NARBEN. WICHTIG IST NUR, DASS WIR EINANDER HELFEN.«

– Bokana Koss

RAF THATCHBURN

PRONOMEN: Er/ihn
SPEZIES: Mensch
GRÖSSE: 1,73 m
ZUGEHÖRIGKEIT: Galaktisches Anti-Piraten-Kommando
ERSTES AUFTRETEN: DHRA (PII)

Inspektor Raf Thatchburn ist ein Gesetzeshüter, der die Piraterie in der Galaxis stoppen will. Er hängt dennoch mit Maz Kanatas Piratenbande ab, nachdem er sich in einen von ihnen, Alak, verliebt hat. Raf wirkt ziemlich grimmig und schüchtert andere ebenso mit seinem Auftreten wie seinem corellianische Hund Tanteek ein. Wenn er sich angegriffen fühlt, stürzt er sich schnell in einen Kampf und rauft sich selbst mit seinem Partner. Als Raf die Dank Graks jagt, ist er plötzlich umzingelt, doch der Hyperraumprospektor Dexter Jettster und Padawan Sav Malagán retten ihn. Später versucht er, Maz' Bande zu verhaften – auch Alak.

»WENN DU HIER BIST, UM MICH ZU TÖTEN: LEG LOS.«

– Raf Thatchburn

VIZEKÖNIG FERROL

PRONOMEN: Er/ihn
SPEZIES: Mensch
GRÖSSE: 1,75 m
ZUGEHÖRIGKEIT: E'ronoh
ERSTES AUFTRETEN: DVs

Vizekönig Ferrol ist Berater von Monarch A'lbaran von E'ronoh. Er hält Republik und Jedi für störende Eindringlinge und intrigiert gegen den Friedensvertrag mit Eiram. Doch seine Machenschaften bringen ihn in Konflikt mit dem Pfad der Offenen Hand.

»SELBST DIE BESTEN UNTER UNS VERGESSEN, WOFÜR WIR KÄMPFEN.«

– Ferrol

REV FERROL

PRONOMEN: Er/ihn
SPEZIES: Mensch
GRÖSSE: 1,80 m
ZUGEHÖRIGKEIT: E'ronoh
ERSTES AUFTRETEN: DVs

Pilot Rev Ferrol ist sich mit seinem Vater, dem Vizekönig, einig, dass E'ronoh Eiram vernichten sollte. Als er mit Xiri A'lbaran in deren Sternenjägerstaffel dient, versucht er, ihre Friedensbemühungen zu vereiteln, indem er sie und ihren Mann Phan-tu Zenn entführt und ihr Schiff auf E'ronohs Hauptstadt stürzen lässt. Xiri entkommt jedoch und tötet Rev im Sternenjäger.

»ICH WERDE AUF DIESEM THRON SITZEN.«

– Rev Ferrol

LIAN CEROX

PRONOMEN: Sie/ihr
SPEZIES: Mensch
GRÖSSE: 1,63 m
ZUGEHÖRIGKEIT: Eiram
ERSTES AUFTRETEN: DSvJ

Botschafterin Lian Cerox vertritt Eiram in den Friedensgesprächen auf Jedha. Sie glaubt, E'ronoh habe den Krieg mit ihrem Planeten begonnen, und will Eirams Soldaten daher nicht davon abhalten, sich zu wehren. Cerox macht den früheren Prospektor Tilson Graf zum Mediator bei den Gesprächen, ahnt aber nichts von dessen wahren Motiven.

»ICH KANN EINFACH KEIN VERTRAUEN IN DIE ABSICHTEN DER DELEGIERTEN VON E'RONOH AUFBRINGEN.«

– Lian Cerox

TINTAK

PRONOMEN: Er/ihn
SPEZIES: Mensch
GRÖSSE: 1,75 m
ZUGEHÖRIGKEIT: E'ronoh
ERSTES AUFTRETEN: DSvJ

Tintak ist der Botschafter E'ronohs bei den Friedensgesprächen. Er erhofft sich eine friedliche Lösung, hat aber Zweifel, ob dies möglich sei. Dennoch zeigt er sich charmant und energiegeladen und scherzt mit der Jedi Aida Forte. Aufstände stören die Gespräche. Als als ein Gleiter in den Verhandlungsraum donnert, kommt Tintak um.

»MAN WEISS NIE, WAS FÜR ÄRGER DROHT …«

– Tintak

KÖNIGIN ADRIALLA

PRONOMEN: Sie/ihr
SPEZIES: Mensch
GRÖSSE: 1,60 m
ZUGEHÖRIGKEIT: Eiram
ERSTES AUFTRETEN: DVs

Königin Adrialla regiert Eiram mit ihrer Frau Odelia. Ihr Volk benötigt medizinische Güter, daher stimmt sie nach Jahren des Kriegs einer Waffenruhe zu. Doch insgeheim trifft sie eine Vereinbarung mit dem Pfad der Offenen Hand und stellt ein Gift her, um es gegen E'ronoh einzusetzen, obschon sie dies schnell bereut. Adrialla unterstützt ihren Sohn Phan-tu, als er als Teil eines Friedensabkommens in eine Heirat mit der Erbin E'ronohs einwilligt.

»WIR ALLE MUSSTEN IN DIESEN LETZTEN PAAR JAHREN OPFER BRINGEN.«

– Königin Adrialla

MONARCH A'LBARAN

PRONOMEN: Er/ihn
SPEZIES: Mensch
GRÖSSE: 1,75 m
ZUGEHÖRIGKEIT: E'ronoh
ERSTES AUFTRETEN: DVs

Monarch A'lbaran, Anführer von E'ronoh, hat seine Welt jahrelang im erbitterten Ewigen Krieg gegen Eiram verfangen gesehen. Der gezahlte Preis und der Tod seines Sohns haben ihn jede Hoffnung verlieren lassen. Als seine Tochter Xiri ihn von einem Waffenstillstand überzeugt, fasst er langsam Zuversicht, dass es doch einen Weg zum Frieden geben könnte.

»ICH WERDE DIE GANZE MACHT VON E'RONOHS TRUPPEN ENTFESSELN, BIS VON EUREM PLANETEN NICHTS ÜBRIG IST ALS SALZ.«

– Monarch A'lbaran

RIAK

PRONOMEN: Er/ihn
SPEZIES: Crulkon
GRÖSSE: 1,83 m
ZUGEHÖRIGKEIT: Riaks Bande
ERSTES AUFTRETEN: SW: Y

Riak ist Anführer einer Crulkon-Bande, die regelmäßig ein Scalvi-Dorf auf der Randwelt Turrak überfällt. Als Yoda eintrifft, um den Scalvi zu helfen, ist Riak erzürnt wegen der Gegenwart des Jedi. Er versucht, Yoda zu zwingen, den Crulkon zu helfen, wird aber von einem jungen Scalvi-Krieger getötet.

MESOOK

PRONOMEN: Er/ihn
SPEZIES: Mensch
GRÖSSE: 1,78 m
ZUGEHÖRIGKEIT: Wächter der Whills
ERSTES AUFTRETEN: DSvJ

Mesook gehört den Wächtern der Whills an. Mit seinem Lichtbogen hilft er, den Tempel des Kyber zu beschützen. Als eine Freundin, Jedi-Meisterin Silandra Sho, Jedha besucht, führt er sie durch die Stadt. Später, als es zu Gewaltausbrüchen kommt, überlässt er in der Schlacht der Jedi die Führung.

»DER TEMPEL IST EIN FRIEDVOLLER ORT. DRAUSSEN IN DER HEILIGEN STADT HABEN DIE WÄCHTER DER WHILLS WENIG ZU SAGEN.«

– Mesook

SAYA KEEM

PRONOMEN: Sie/ihr
SPEZIES: Zabrak
GRÖSSE: 1,88 m

ZUGEHÖRIGKEIT: Dank Graks
ERSTES AUFTRETEN: DHRA (PII)

Saya Keem ist die jugendliche Pilotin der *Grim Devourer*, des Schiffs der Dank Graks. Die anderen Bandenmitglieder lassen sich oft von Gier und Rachegelüsten ablenken, aber Keem weiß es besser und denkt stets darüber nach, wie ihr nächster Schritt aussehen sollte.

DRRN

PRONOMEN: Er/ihn
SPEZIES: Muun
GRÖSSE: 1,85 m

ZUGEHÖRIGKEIT: Dank Graks
ERSTES AUFTRETEN: DHRA (PII)

Drrn gehört den Dank Graks an, einer Verbrecherbande. Er redet selten und hinterlässt bei Außenstehenden vor allem mit seiner ernsten Miene und imposanten Statur Eindruck. Er hält sich meist im Hintergrund, ist scheinbar überall zugleich und lässt andere Bandenmitglieder durch sein Murren und Stöhnen wissen, was er denkt.

LAVALOX VERZEN

PRONOMEN: Sie/ihr
SPEZIES: Cosianerin
GRÖSSE: 1,75 m

ZUGEHÖRIGKEIT: Dank Graks
ERSTES AUFTRETEN: DHRA (PII)

Die überwiegend unsinniges Geschwafel von sich gebende Lavalox Verzen bedient die Geschütze des Schiffs der Dank Graks. Sie genießt es, auf Feinde zu feuern, hat aber eine extrem schlechte Trefferquote. Sie hat auch ein Geheimnis: Eigentlich ist sie der getarnte Jedi-Meister Tera Sinube!

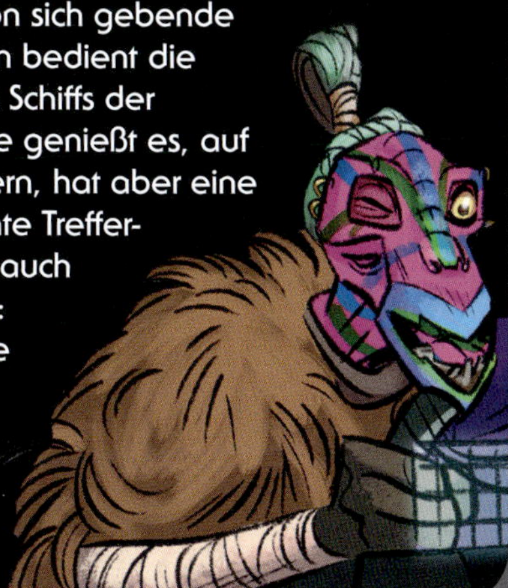

SARETHA VON BEEL

PRONOMEN: Sie/ihr
SPEZIES: Mensch
GRÖSSE: 1,78 m

ZUGEHÖRIGKEIT: Unbekannt
ERSTES AUFTRETEN: GadE: NP

Wie die meisten Hyperraumprospektoren ist Saretha von Beel stark und tough und rechnet hinter jeder Ecke mit Gefahr. Als sie eine neue Route kartografiert, wird sie von Piraten entführt und später von Jedi-Ritter Lee Harro befreit. Danach landet von Beel im Enlightenment auf Jedha, wo sie den Gästen von ihren Abenteuern erzählt.

»EINIGE LERNEN NIE DAZU, MICH EINGESCHLOSSEN.«

– Saretha von Beel

SICATRA

PRONOMEN: Sie/ihr
SPEZIES: Mensch
GRÖSSE: 1,80 m

ZUGEHÖRIGKEIT: Firevale, Bethune
ERSTES AUFTRETEN: DHR: DK

Auf dem Planeten Gansevor herrscht eine erbitterte Rivalität zwischen den Ländern Bethune und Firevale. Prinzessin Sicatra von Bethune und Prinz Colden von Firevale wollen gemeinsam die Königin von Firevale stürzen. Doch Sicatra intrigiert auch gegen Colden, der nichts davon ahnt. Ihre Lügen erschüttern ebenso Colden wie die Jedi Barash Silvain, die sich von ihr hintergangen fühlt.

»WIR WOLLTEN DOCH NUR EINE CHANCE HABEN.« – **Sicatra**

COLDEN

PRONOMEN: Er/ihn
SPEZIES: Mensch
GRÖSSE: 1,83 m

ZUGEHÖRIGKEIT: Firevale
ERSTES AUFTRETEN: DHR: DK

Prinz Colden ist der Thronfolger von Firevale. Seine Rivalen in Bethune behaupten, er habe deren Prinzessin entführt, wobei dies Teil eines Komplotts von Colden und der Prinzessin selbst war. Colden hintergeht seine eigene Familie, wird aber dann mit von Prinzessin Sicatra verraten.

TOZEN

PRONOMEN: Er/ihn
SPEZIES: Mensch
GRÖSSE: 1,78 m

ZUGEHÖRIGKEIT: Bethune
ERSTES AUFTRETEN: DHR: DK

Feldmarschall Tozen führt die Armee von Bethune an, als diese Firevale belagert. Er glaubt an Bethune und verachtet die Söldner, die nur wegen der Kriegsbeute kämpfen, die sie nach der Schlacht erwartet. Im Streit um Plünderungen wird Tozen von General Viess, der Anführerin der Söldner, getötet.

BREE MENAREN

PRONOMEN: Er/ihn
SPEZIES: Scalvi
GRÖSSE: 1,09 m

ZUGEHÖRIGKEIT: Scalvi
ERSTES AUFTRETEN: SW: Y

Bree Menaren ist ein Kind der Scalvi, das Yoda trifft, als er dessen Dorf auf Turrak besucht. Der Jedi möchte, dass Bree den dortigen Konflikt zwischen Scalvi und Crulkon von beiden Seiten betrachtet. Erst kann der Junge über all die Gewalttaten nicht hinwegsehen, aber Jahre später versteht er Yodas Lektion und schließt mit den Crulkon Frieden.

TY YORRICK

MONSTERJÄGERIN

PRONOMEN: Sie/ihr
SPEZIES: Tholothianerin
GRÖSSE: 1,70 m
ZUGEHÖRIGKEIT: Jedi-Orden (früher)
ERSTES AUFTRETEN: IZdS

Ty Yorrick, einst als Tylera bekannt, verließ den Jedi-Orden, nachdem sie sich gezwungen sah, einen anderen Padawan zu töten, den die dunkle Seite vereinnahmt hatte. Nun ist Ty Söldnerin, die sich der Jagd auf gefährliche Monster in der Galaxis verschrieben hat. Sie arbeitet gern allein, ihr stehen aber zwei Droiden zur Seite: der sarkastische Protokolldroide KL-03 und der Astromech R0-VR.

WIEDER UNTER JEDI

Yorrick übernimmt für die Erfinderin Mantessa Chakkat einen Job als Leibwächterin auf der Republik-Schau auf Valo, obwohl sie Bedenken hat, dort inmitten so vieler Jedi zu sein. Aber im Chaos des Nihil-Angriffs bauen Ty und Jedi-Meister Elzar Mann durch die Macht eine Verbindung zueinander auf und geben alles, um die gefährlichen Raubtiere zu beruhigen, die aus dem Zoo entkommen sind. Später, in der Schlacht von Grizal, unterstützt Yorrick abermals die Jedi.

»DIE MACHT IST IN ALLEN DINGEN. DAS HAT MEIN MEISTER IMMER GESAGT.«

– **Ty Yorrick**

ZEEN MRALA

MACHTSENSITIVE MIKKIANERIN

PRONOMEN: Sie/ihr
SPEZIES: Mikkianerin
GRÖSSE: 1,65 m
ZUGEHÖRIGKEIT: Älteste des Pfads, Jedi-Orden
ERSTES AUFTRETEN: DHRA (PI)

Die als Kind von ihren Eltern getrennte Zeen Mrala wächst auf Trymant IV auf, wo sie ihre Machtkräfte verbirgt – selbst vor ihrem besten Freund Krix Kamerat. Sie gehört den Ältesten des Pfads an, einer Gruppe, die glaubt, es sei falsch, die Macht zu nutzen. Als Zeen ihre Fähigkeiten einsetzt, fühlt sie sich frei, aber verliert ihren Freund, da Krix sich verraten fühlt.

NEUE FREUNDE

Als Trümmer der Großen Katastrophe ihren Planeten Trymant IV bedrohen, nutzt Zeen die Macht, um den Schaden zu begrenzen. Einige Jedi, darunter Lula Talisola und Yoda, helfen Zeen und bieten ihr danach Zuflucht auf der Starlight-Station an. Sie wird zwar als zu alt für eine Jedi-Ausbildung erachtet, doch Zeen ist an Bord willkommen und erhält Anleitung, wie sie ihre Fähigkeiten besser beherrschen kann.

»SIE SIND WIE ICH! ICH … KÖNNTE SEIN WIE SIE!« – **Zeen Mrala**

AVON STARROS

ALTKLUGE ERFINDERIN

PRONOMEN: Sie/ihr
SPEZIES: Mensch
GRÖSSE: 1,52 m
ZUGEHÖRIGKEIT: Starros-Clan
ERSTES AUFTRETEN: DB

Avon Starros ist eine brillante junge Erfinderin. Stehen ihr beim Lösen von Problemen Regeln im Weg, schiebt sie sie einfach beiseite, was die Leute um sie herum ebenso frustriert wie beeindruckt. Zu ihren Erfindungen gehören Antigrav-Schuheinlagen, aber auch künstliche Kyberkristalle. Wenn Gefahr droht, zeigt Avon sich mutig und entschlossen. Dies kommt ihr zugute, als die Nihil sie entführen. Sie glaubt, mit Technik lasse sich jedes Problem lösen, daher sieht sie die Jedi anfangs kritisch.

TREUER DROIDE

Avons Protokolldroide J-6 wurde vom Kindermädchen zur treuen Begleiterin mit nützlichen Schutz- und Überwachungsfähigkeiten umprogrammiert. Avon installiert neue Software, damit J-6 sich allmählich selbst neu programmieren kann, weshalb der Droide eine einzigartige Persönlichkeit aufweist.

»OKAY, DANN BEHALTE DEINE GEHEIMNISSE EBEN FÜR DICH, JEDI.«

– Avon Starros zu Vernestra Rwoh

SIAN HOLT

PRIVATERMITTLERIN

PRONOMEN: Sie/ihr
SPEZIES: Mensch
GRÖSSE: 1,65 m
ZUGEHÖRIGKEIT: Ihre Klienten
ERSTES AUFTRETEN: DHR: SdS

Die toughe Privatermittlerin Sian Holt wird von Kanzlerin Lina Soh engagiert. Mit Jedi-Meister Emerick Caphtor will sie herausfinden, wer oder was den Jedi Loden Greatstorm getötet hat. Holt hat einen bissigen Humor, liebt Musik und sieht es mit der Wahrheit nicht so eng, wenn es sie weiterbringt. Sie lässt nicht locker, bis ein Fall abgeschlossen ist.

BEHERZTES EINGREIFEN

Als sie einer Spur folgen, beginnt Emerick zu halluzinieren, nachdem er den Namenlosen auf einem Frachter ausgesetzt war. Indes bedroht der kriminelle Arathab Fal Passagierin Beesar Tal-Apurna, eine Spionin an Bord. Sian greift ein, schnappt sich das Lichtschwert des Jedi, um Arathab anzugreifen, und bringt Emerick in Sicherheit.

»RACHE IST TEUER, LANGWEILIG UND NICHT HALB SO BEFRIEDIGEND, WIE DIE HOLOS EINEM WEISMACHEN WOLLEN.«

– Sian Holt

MYARGA ANJILIAC ATIRUE

HUTT-KRIEGSHERRIN

PRONOMEN: Sie/ihr
SPEZIES: Hutt
GRÖSSE: 1,57 m
ZUGEHÖRIGKEIT: Hutt-Clan
ERSTES AUFTRETEN: DHR (PI)

Myarga die Hutt ist als ebenso großzügig wie gnadenlos bekannt. Ihre Launen wechseln je nach Lage, aber eins ist gewiss: Sie ist sich stets selbst die Nächste. Die Hutt befehligt etliche Raumschiffe und Rancorreiter. Ihr Schwebeschlitten schützt sie, wenn sie mit ihm über das Schlachtfeld gleitet. Myarga verbündet sich widerwillig mit den Jedi im Kampf gegen die Drengir. Sie weiß, dass sie jede Hilfe braucht, um sie zu besiegen.

GEFANGEN VON DEN NIHIL

Als die Jedi die Große Stammmutter aufspüren, will Myarga sie vernichten. Avar Kriss überzeugt sie, es nicht zu tun, aber ihre gemeinsame Mission sorgt für keine engen Bande zwischen Hutt und Jedi. Vielmehr verrät Myarga bei ihrer nächsten Begegnung mit einer Jedi – Keeve Trennis – diese an die Nihil.

»REISST SIE IN STÜCKE!«

– Myarga

AFFIE HOLLOW

CAPTAIN DER *SCHIFF*

PRONOMEN: Sie/ihr
SPEZIES: Mensch
GRÖSSE: 1,68 m
ZUGEHÖRIGKEIT: *Schiff*, Byne-Gilde (früher)
ERSTES AUFTRETEN: IdD

Affie Hollow beginnt als Lehrling auf dem Transporter *Schiff,* wo sie mit Pilot Leox Gyasi und Navigator Geode arbeitet. Mit ihrer bestimmten Art trifft sie gute Entscheidungen und ist schließlich selbst Besitzerin und Captain des Frachters. Ihre Zeit an Bord der *Schiff* hat sie zu einer fähigen Raumreisenden gemacht, die viel herumgekommen ist.

VERRAT AN DER BYNE-GILDE

Als Lehrling arbeitet Affie für die Byne-Gilde und transportiert legale wie illegale Fracht durch die Galaxis. Später findet sie heraus, dass ihre Ziehmutter, Gildenleiterin Scover Byne, verantwortlich für den Tod ihrer leiblichen Eltern war. Obwohl sie Scover liebt, trifft Affie eine mutige Entscheidung und meldet der Republik die Missstände in der Gilde.

»WAS FÜR EIN CAPTAIN WÜRDE SEINE CREW ZURÜCKLASSEN?«

– Affie Hollow

LEOX GYASI

PRONOMEN: Er/ihn
SPEZIES: Mensch
GRÖSSE: 1,80 m

ZUGEHÖRIGKEIT:
Galaktische Republik,
Byne-Gilde (früher)
ERSTES AUFTRETEN: IdD

Pilot Leox Gyasi wirkt meist ruhig und fokussiert, selbst wenn es Stress gibt. Seine sorglose, spirituelle Art bringt es mit sich, dass er sich keine allzu großen Sorgen wegen seiner nicht ganz so legalen Fracht macht. Trotz seiner Schmuggelaktivitäten hat Leox ein Herz aus Gold, möchte allen Wesen helfen und sieht die Republik durchaus mit Wohlwollen.

»STRENG GEHEIME MISSIONEN SIND UNSERE SPEZIALITÄT!«

– Leox Gyasi

GEODE

PRONOMEN: Er/ihn
SPEZIES: Vintianer
GRÖSSE: 1,73 m

ZUGEHÖRIGKEIT:
Galaktische Republik,
Byne-Gilde (früher)
ERSTES AUFTRETEN: IdD

Obwohl Geode wie ein Felsbrocken aussieht und nie erkennbar spricht oder sich bewegt, ist er doch oft zur rechten Zeit am rechten Ort. Während der Großen Katastrophe navigiert er die *Schiff* mit seinen Mannschaftskameraden Leox Gyasi und Affie Hollow durch eine chaotische Region des Hyperraums. Er rettet auch Padawan Reath Silas das Leben, indem er ihn von einer offenen Luftschleuse wegstößt.

»GUTE WAHL, GEODE!«

– Affie Hollow zu Geode

SYLVESTRI YARROW

PILOTIN DER *SWITCHBACK*

PRONOMEN: Sie/ihr
SPEZIES: Mensch
GRÖSSE: 1,57 m
ZUGEHÖRIGKEIT: Byne-Gilde
ERSTES AUFTRETEN: AdS

Sylvestri Yarrow fliegt die *Switchback*, einen von ihrer Mutter Chancey geerbten Frachter. Soweit sie weiß, wurde diese von den Nihil getötet. Sylvestri und Co-Pilot Neeto Janajana geben alles für ihr Frachtgeschäft. Dabei liegt es ihr eher, Dinge zu reparieren oder Piraten auszutricksen, als mit Politikern oder der feinen Gesellschaft zu plaudern. Doch als ihr Schiff aus dem Hyperraum gerissen wird, trifft Sylvestri auf den reichen Physiker Xylan Graf, der auf den Kopf stellt, was sie über ihre Vergangenheit zu wissen glaubt.

HARTE LEKTIONEN

Sylvestris Mutter hat insgeheim für die Nihil gearbeitet, daher trainierte sie einen Teil ihrer Jugend lang mit einer Twi'lek, die sie »Tante Lourna« nannte. Diese war tatsächlich Lourna Dee, eine Orkanläuferin der Nihil. Am Ende ihrer Selbstverteidigungs- und Kampflektionen war Sylvestri oft verletzt.

M-227

M-227 ist Sylvestris antiker Sicherheitsdroide. Der über 200 Jahre alte M-227 gehörte früher Sylvestris Mutter.

»EIN CAPTAIN LÄSST SEIN SCHIFF NICHT IM STICH, GANZ EGAL, WIE SCHLIMM DIE SITUATION ERSCHEINT.« – **Sylvestri Yarrow**

JORDANNA SPARKBURN

SICHERHEITSBEAUFTRAGTE DER SAN TEKKAS

PRONOMEN: Sie/ihr
SPEZIES: Mensch
GRÖSSE: 1,73 m
ZUGEHÖRIGKEIT: San-Tekka-Clan
ERSTES AUFTRETEN: AdS

Jordanna Sparkburn ist Sicherheitsbeauftragte der San Tekkas auf der Wüstenwelt Tiikae. Die Jahre, in denen sie die Leute vor Ort vor Bedrohungen durch Zygerrianer, Nihil, Drengir und Hutts beschützt hat, haben Jordanna abgehärtet. Sie sagt schroff, wo es langgeht, und zögert nicht, auch zu Gewalt zu greifen. Für die Pilotin Sylvestri Yarrow zeigt sie aber eine Schwäche und die beiden entwickeln in der kurzen Zeit, die Sylvestri auf Tiikae ist, romantische Gefühle füreinander.

NIHIL-WISSEN

Jordannas Erfahrung mit den Nihil kommt ihr im Kampf zugute, als sie Tiikae verlässt. Da sie dem Betäubungsgas der Nihil zuvor schon ausgesetzt war, erholt sie sich rasch, als sie und zwei Jedi angegriffen werden. Später setzt sie eine tödliche, in ihrer Zeit auf Tiikae erbeutete Nihil-Waffe zusammen, um sie bei Sylvestris Rettung einzusetzen.

VOLLKA ALS GEFÄHRTIN

Jordanna reist mit einer Vollka namens Remy. Den schnellen Kreaturen sagt man nach, dass sie bei der Jagd unsichtbar werden können.

»IM LAUF DES LETZTEN JAHRES HAT SICH DIESER PLANET IN EINE KRIEGSZONE VERWANDELT.«

– Jordanna Sparkburn

ALYS »CRASH« ONGWA

PRONOMEN: Sie/ihr
SPEZIES: Mensch
GRÖSSE: 1,78 m
ZUGEHÖRIGKEIT: Crashs Team
ERSTES AUFTRETEN: DHRA: A

Alys Ongwa, genannt »Crash«, leitet schon als Teenager die Premiumagentur für Diplomatenschutz Coronet und bietet Politikern auf Corellia Leibwächterdienste an. Sie wird engagiert, um Lina Soh, Oberste Kanzlerin der Republik, zu beschützen, und arbeitet später mit den Jedi zusammen, als die Nihil die Stadtpolizei von Coronet infiltrieren. Crash ist tollkühn, vertraut niemandem und hat eine chaotische Art, wird aber dafür espektiert, stets ihren Job zu erledigen. Sie spricht mehrere Sprachen und kann Gespräche belauschen, von denen andere denken, sie würde sie nicht verstehen.

CRASHS TEAM

SPEZIES: Verschieden
GRÖSSE: Verschieden
ZUGEHÖRIGKEIT: Crashs Team, Alys »Crash« Ongwa
ERSTES AUFTRETEN: DHRA: A

Das Team, das Alys »Crash« Ongwa für ihr Leibwächtergeschäft auf Corellia beschäftigt, erledigt zuverlässig jeden Job. Die Mitglieder kommen aus der ganzen Galaxis – vom Piloten Dezzonk, einem Dowutin, über Ovarto Bitolo-Bash, Weequay Barchibar und die Arcona Smeemarm bis hin zur Wookiee Tangor und Crashs bestem Freund, dem Grindaliden Prybolt Garavult. Unterstützt werden sie von Crashs Sicherheitsdroiden 10-K8, die schon mal fröhlich Melodien vor sich hinsummt, während sie Informationen sammelt. Als Prybolt und Ovarto beim Schutz eines Würdenträgers von Coronet umkommen, setzen Crash und ihr Team alles daran, die Schuldigen zu finden.

»ALLES GUT HIER UNTEN.«
– **Smeemarm**

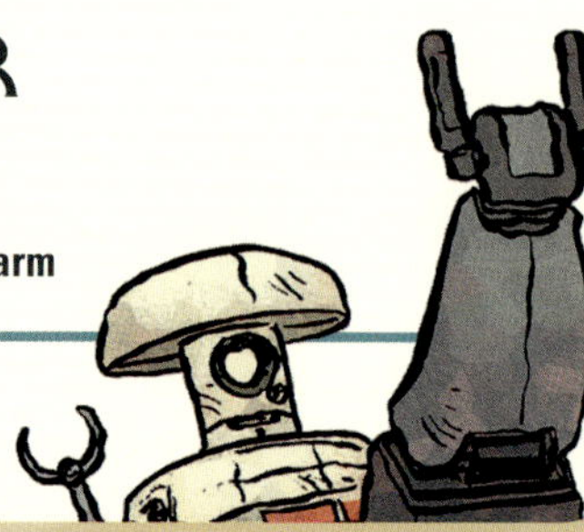

RHIL DAIRO

PRONOMEN: Sie/ihr
SPEZIES: Mensch
GRÖSSE: 1,65 m
ZUGEHÖRIGKEIT: GoNetz
ERSTES AUFTRETEN: IZdS

GoNetz-Reporterin Rhil Dairo liegt die Berichterstattung sehr am Herzen, ebenso wie die Leute, um die es in ihren Storys geht. Ihr Kameradroide T-9 zeichnet alles auf, damit sie sich auf Fakten stützen kann. Ein kybernetisches Implantat über ihrem Auge verbindet Dairo mit dem Droiden und erlaubt ihr, still mit T-9 zu kommunizieren, wenn nötig. Sie reist mit Kanzlerin Lina Soh und Jedi-Meister Stellan Gios nach Valo, um über die Republik-Schau zu berichten. Als die Nihil die Messe angreifen, nutzt Dairo ihr Können in puncto Kommunikation und Technik, um einen Notruf zu senden.

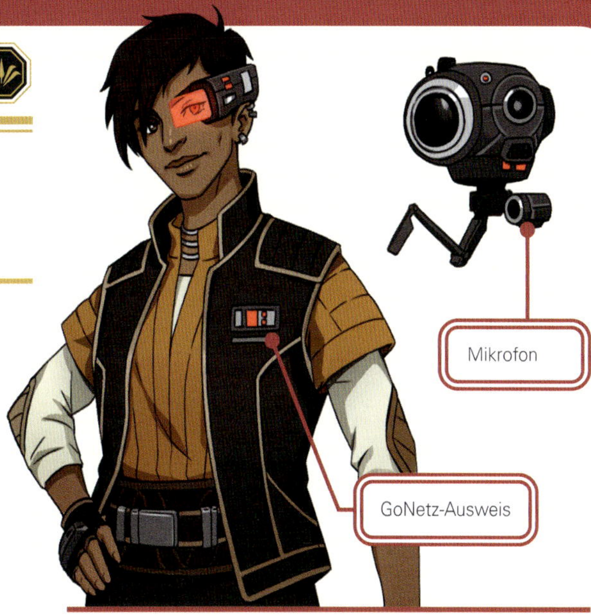

»ICH MÖCHTE, DASS DIE LEUTE DAS SEHEN. SIE SOLLEN WISSEN, WAS HIER GESCHEHEN IST.« **– Rhil Dairo**

VANE SARPO

PRONOMEN: Er/ihn
SPEZIES: Vumaner
GRÖSSE: 1,78 m
ZUGEHÖRIGKEIT: Keine
ERSTES AUFTRETEN: S: FF

Vane Sarpo, der sich als eine Art Glücksritter bezeichnet, trifft auf seine alte Flamme Velko Jahen, als er auf der Starlight eintrifft. Sarpo erzählt Velko – ihrerseits nun Administratorin auf der Station –, dass er nun Händler sei, der Statuetten verkaufe. Er ist genauso charmant, wie Jahen ihn von ihrer kurzen Beziehung im soikanischen Bürgerkrieg in Erinnerung hat, aber das hält sie nicht davon ab, ihn in eine Zelle zu stecken, als sich Nihil-Waffen unter seinen Souvenirs finden. Aber das Ganze ist nicht so, wie es scheint: Wie sich zeigt, ist Sarpo ein unfreiwilliges Opfer der Nihil, die ihn mithilfe eines Tattoos kontrolliert haben, das explodiert, wenn er ihren Plan nicht ausführt.

KEEFAR BRANTO

PRONOMEN: Er/ihn
SPEZIES: Mensch
GRÖSSE: 1,70 m
ZUGEHÖRIGKEIT: Keine
ERSTES AUFTRETEN: DHR: SdS

Keefar Branto ist ein Berufskrimineller, der schon als Kopfgeldjäger, Waffenschmuggler und für die Nihil gearbeitet hat, ehe Privatermittlerin Sian Holt ihn als Partner an Bord holt. Bei einem Undercovereinsatz für die Republik, der so geheim ist, dass selbst Holt nicht davon weiß, wird Branto vom Verbrecher Arathab Fal ermordet.

KLERIN CHEKKAT

PRONOMEN: Sie/ihr
SPEZIES: Kuranu
GRÖSSE: 1,65 m
ZUGEHÖRIGKEIT: Keine
ERSTES AUFTRETEN: IZdS

Klerin Chekkat ist eine Erfinderin, die mit ihrer Mutter Mantessa und der von ihr als Leibwächterin engagierten Ty Yorrick zur Republik-Schau auf Valo reist. Mantessa will einen Prototyp ihres Neutralisators, der Blaster und Lichtschwerter unschädlich macht, an einen Senator verkaufen. Doch als der Deal platzt, versucht Klerin, ihren eigenen Handel mit den Nihil zu machen.

»MEINE MUTTER HAT ES ALS IHRE ERFINDUNG HINGESTELLT, ABER ES WAR MEIN ENTWURF.«

– Klerin Chekkat

THADDEUS WOLK

PRONOMEN: Er/ihn
SPEZIES: Gungan
GRÖSSE: 1,96 m
ZUGEHÖRIGKEIT: Unbekannt
ERSTES AUFTRETEN: AdS

Der Gungan Thaddeus Wolk ist ein auf theoretische Hyperraumphysik spezialisierter Wissenschaftler, der als Professor an der Akademie von Carida Chancey Yarrow unterrichtet hat. Später hat er den Verdacht, dass diese mit den Nihil-Angriffen zu tun hat, bei denen Schiffe aus dem Hyperraum gezogen werden, weil er sich erinnert, wie besessen sie von künstlichen Gravitationsbrunnen war.

»MISS YARROW, IHRE MUTTER IST AM LEBEN. SIE ARBEITET MIT DEN NIHIL ZUSAMMEN.«

– Thaddeus Wolk zu Sylvestri Yarrow

NEETO JANAJANA

PRONOMEN: Er/ihn
SPEZIES: Sullustaner
GRÖSSE: 1,73 m
ZUGEHÖRIGKEIT: Sylvestri Yarrow
ERSTES AUFTRETEN: AdS

Neeto Janajana ist der besonnene Co-Pilot der *Switchback*, die der Frachthändlerin Sylvestri Yarrow gehört. Janajana arbeitete früher für deren Mutter Chancey, bis diese für tot gehalten wurde. Als die *Switchback* aus dem Hyperraum gezogen und von den Nihil aufgegriffen wird, überzeugt er Sylvestri, dass ihr Leben wichtiger ist als ihr Schiff.

MARI SAN TEKKA

QUELLE VON HYPERRAUMPFADEN

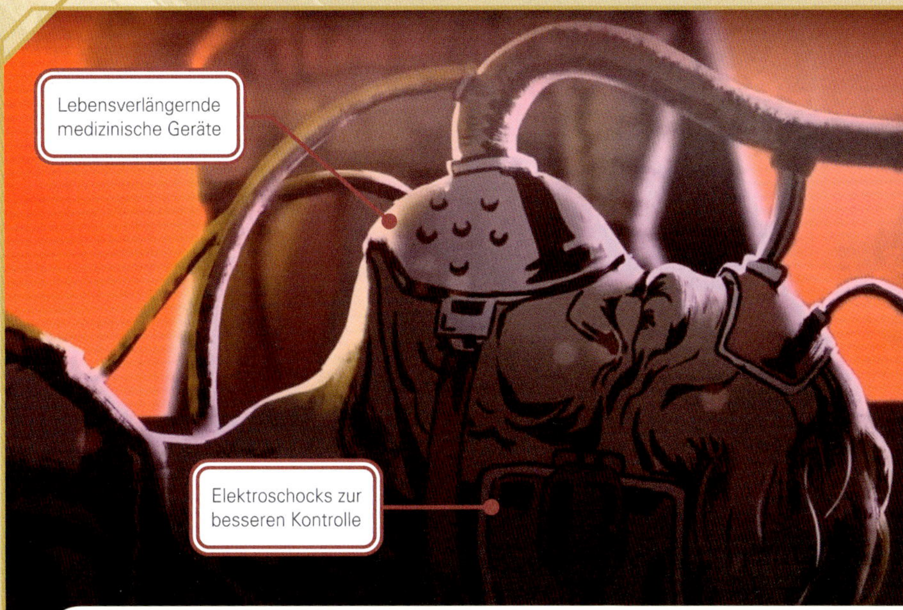

PRONOMEN: Sie/ihr
SPEZIES: Mensch
GRÖSSE: 1,68 m
ZUGEHÖRIGKEIT: San-Tekka-Clan
ERSTES AUFTRETEN: DLdJ

Mari San Tekka gehört zu einem Clan reicher Hyperraumprospektoren, die Routen durch den Hyperraum kartografieren und verkaufen. Als Kind zeigt Mari die einzigartige Fähigkeit, Pfade zu finden, die andere nicht sehen können. Alsbald wird sie von der Familie Ro entführt, die ihre besondere Gabe nutzt, um bei ihren Nihil-Raubzügen einen Vorteil zu haben. Die Nihil legen Mari in eine Medikapsel, die sie am Leben hält – jedoch über hundert Jahre lang als Gefangene auf Marchion Ros Schiff, der *Gaze Electric*.

IN KONTAKT

Mari ist gebrechlich, aber sie erstellt noch immer gern neue Hyperraumrouten, obwohl ihr nicht klar ist, für wen sie dies inzwischen tut. Mari redet telepathisch mit Jedi-Meister Loden Greatstorm, als dieser an Bord der *Gaze Electric* festgehalten wird. Ihre Unterhaltungen schenken Mari Frieden und helfen Loden, seine Kräfte lange genug zu konzentrieren, um sich zu befreien.

»ICH HABE EIN GESCHENK FÜR DICH. EINEN LETZTEN PFAD, BEVOR ICH GEHE. ER WAR SCHON IMMER FÜR DICH BESTIMMT.«

– Mari San Tekka

XYLAN GRAF

PRONOMEN: Er/ihn
SPEZIES: Mensch
GRÖSSE: 1,75 m
ZUGEHÖRIGKEIT: Familie Graf
ERSTES AUFTRETEN: AdS

Alles an Physiker Xylan Graf schreit nach Reichtum, von seiner kostbaren Kleidung bis hin zu seiner Art, davon auszugehen, dass alle um ihn herum tun, was er will, ohne Fragen zu stellen. Als Mitglied der mächtigen Familie Graf, die ihr Vermögen mit dem Kartografieren von Hyperraumrouten gemacht hat, tritt Xylan mit dem Angebot an die Pilotin Sylvestri Yarrow heran, dabei zu helfen, ein Rätsel des Hyperraums zu lösen. Er erzählt ihr aber nicht die ganze Wahrheit und verbirgt sein wahres Ziel: so viele Hyperraumrouten wie möglich in seinen Besitz zu bringen.

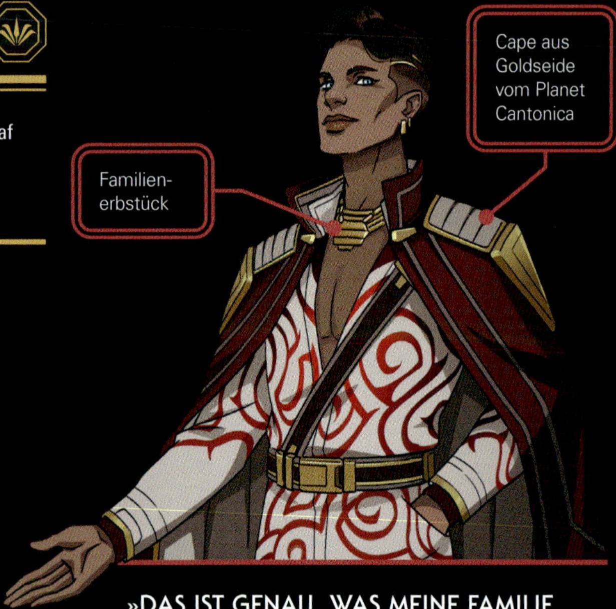

»DAS IST GENAU, WAS MEINE FAMILIE BRAUCHT: EINEN RIESIGEN, UNBEANSPRUCHTEN TEIL DES ALLS.« – **Xylan Graf**

SHUG DRABOR

PRONOMEN: Er/ihn
SPEZIES: Anzellaner
GRÖSSE: 23 cm
ZUGEHÖRIGKEIT: Chandrila-Chartergesellschaft
ERSTES AUFTRETEN: MH

Der anzellanische Ingenieur Shug Drabor ist Gründer der Chandrila-Chartergesellschaft und Konstrukteur von deren Luxusschiffen. In der Stadt Coronet auf Corellia leitet er den Bau von MPO-1400-Sternenkreuzern der *Purrgil*-Klasse, zu denen die *Halcyon* gehört, das bekannteste Schiff der Firma. Drabors Wissen über Schiffe ist enorm und er ist stets stolz auf sein Werk. Als der von Maschinenbau faszinierte Padawan Ram Jomaram einige Zeit auf Corellia verbringt, freundet sich Drabor mit dem jungen Jedi an. Zudem ermutigt er die Crew der *Halcyon*, sich gegen die Nihil zu wehren, als diese angreifen.

»KÄMPFEN WIR FÜR DIE *HALCYON!*«
– **Shug Drabor**

MARLOWE SAN TEKKA

PRONOMEN: Er/ihn
SPEZIES: Mensch
GRÖSSE: 1,70 m
ZUGEHÖRIGKEIT: San-Tekka-Clan
ERSTES AUFTRETEN: DLdJ

Marlowe San Tekka und sein Mann Vellis sind Hyperraumprospektoren, die mit dem Verkauf von Reiserouten an Händler, Regierungen und Unternehmer ein Vermögen gemacht haben. Nach der Großen Katastrophe bitten die Jedi Elzar Mann und Avar Kriss ihn um Hilfe bei Keven Tarrs Droidennetzwerk, das Emergenzen vorhersagt.

VELLIS SAN TEKKA

PRONOMEN: Er/ihn
SPEZIES: Mensch
GRÖSSE: 1,75 m
ZUGEHÖRIGKEIT: San-Tekka-Clan
ERSTES AUFTRETEN: DLdJ

Als Hyperraumexperte Vellis San Tekka und sein Mann Marlowe Details über die Große Katastrophe erfahren, sind sie perplex, da Hyperraumrouten leer sein sollten. Nach Ausschluss einer Meuterei oder einer Fehlfunktion des Schiffes als Grund fragt Vellis sich, ob eine lange tot geglaubte San Tekka mit alldem zu tun haben könnte.

CATRIONA GRAF

PRONOMEN: Sie/ihr
SPEZIES: Mensch
GRÖSSE: 1,60 m
ZUGEHÖRIGKEIT: Familie Graf
ERSTES AUFTRETEN: AdS

Catriona Graf ist Oberhaupt der mächtigen Familie Graf, die ihr Geld mit dem Verkauf von Hyperraumrouten gemacht hat. Sie ist eine der Hauptfinanzierungsquellen für die Starlight-Station, aber Catriona hält ihre Geschäfte so geheim wie möglich. Sie arbeitet mit den Nihil und finanziert auch Lourna Dees Gravitationsprojektor.

CHAM CHAM

PRONOMEN: Er/ihn
SPEZIES: Cru
GRÖSSE: 36 cm
ZUGEHÖRIGKEIT: Zeen Mrala
ERSTES AUFTRETEN: DHRA (PI)

Cham Cham ist Zeen Mralas Schoßtier und treuer Freund. Er kann fliegen, sitzt aber meist auf Zeens Schulter. Als die Nihil deren Heimatwelt Trymant IV angreifen, ist er bei Zeen. Meister Yoda nimmt Cham Cham mit, als er versucht, Zeens Freund Krix Kamerat zu überzeugen, die Nihil zu verlassen.

HACKRACK BEP

PRONOMEN: Er/ihn
SPEZIES: Theelin
GRÖSSE: 1,73 m
ZUGEHÖRIGKEIT: Dalna
ERSTES AUFTRETEN: S: SuE

Zuerst weist Vizepräsident Hackrack Bep von Dalna Jedi Vernestra Rwohs Sorge zurück, die Nihil seien eine Bedrohung für Dalna. Aber Bep verbirgt etwas vor der Jedi. Tatsächlich haben die Nihil Beps Sohn Theo entführt und drohen, Explosionen an einer Verwerfungslinie des Planeten zu verursachen, was eine zerstörerische Kettenreaktion auslösen würde.

»ZWEI JEDI KÖNNEN KEINEN GANZEN PLANETEN BESCHÜTZEN.«

– **Hackrack Bep**

ATTICHITCUK

PRONOMEN: Er/ihn
SPEZIES: Wookiee
GRÖSSE: 2,26 m
ZUGEHÖRIGKEIT: Wookiee-Clan
ERSTES AUFTRETEN: LT

Der Wookiee Attichitcuk ruft Jedi-Ritterin Nib Assek und ihren Padawan Burryaga nach Kashyyyk, als der uralte Lebensbaum zu welken beginnt. Nib entdeckt, dass es sich bei dem Schmuck am Lebensbaum um Ranken der Drengir handelt, woraufhin Attichitcuk und andere Wookiees helfen, sie zu vernichten. Jahre später hat Attichitcuk einen Sohn, den er Chewbacca nennt.

HONESTY WEFT

PRONOMEN: Er/ihn
SPEZIES: Mensch
GRÖSSE: 1,68 m
ZUGEHÖRIGKEIT: Dalna
ERSTES AUFTRETEN: DB

Honesty Weft fühlt sich gefangen in der Rolle als Sohn des dalnanischen Botschafters, aber begleitet seinen Vater zur Starlight. Dieser hofft, die Reise werde Honestys Horizont erweitern und ihn anders auf die Galaxis blicken lassen. Obwohl Honesty gemeinhin Regeln befolgt, sinnt er auf Rache an den Nihil, als sie seinen Vater töten.

KOLEY LINN

PRONOMEN: Er/ihn
SPEZIES: Mensch
GRÖSSE: 1,78 m
ZUGEHÖRIGKEIT: Byne-Gilde
ERSTES AUFTRETEN: DgS

Koley Linn, Pilot des Frachters *Stab-Ass,* hat ein hitziges Temperament und will schnell Rache, wenn er denkt, jemand habe ihm unrecht getan. An der Starlight angedockt, macht er sich daran, andere Schiffe auszurauben. Nach der Explosion einer Nihil-Bombe, versucht Linn, von der Station zu entkommen, indem er ein Kind als Geisel nimmt. Er stirbt, als ein Schuss aus seinem eigenen Blaster zurückprallt.

»ICH HELFE GERN. WENN DAS GELD STIMMT.«

– **Koley Linn**

BEESAR TAL-APURNA

PRONOMEN: Sie/ihr
SPEZIES: Chadra-Fan
GRÖSSE: 1 m

ZUGEHÖRIGKEIT: Galaktische Republik
ERSTES AUFTRETEN: DHR: SdS

Beesar Tal-Apurna trauert um ihre Partnerin, die republikanische Pilotin Teemank, die in einer Schlacht mit den Nihil umkam. Daher meldet sie sich, als der Jedi Emerick Caphtor jemanden sucht, der den Nihil-Doktor Kisma Uttersond ausspioniert. Sie versteckt sich auf dessen Schiff und behält ihn im Auge, selbst als es zunehmend gefährlich wird.

BARTOL

PRONOMEN: Er/ihn
SPEZIES: Mensch
GRÖSSE: 1,37 m

ZUGEHÖRIGKEIT: Gemeinschaft von Sedri Minor
ERSTES AUFTRETEN: DHRA (PI)

Bartol ist ein abenteuerlustiger Junge aus einer Farmerkolonie auf dem Planeten Sedri Minor. Er begleitet die Jedi Keeve Trennis, als diese einem Drengirbefall nachgeht. Sie und Jedi-Meisterin Avar Kriss bringen Bartol sicher zur Kolonie zurück – aber erst, nachdem alle drei fast Teil des Drengir-Wurzelhirns geworden wären.

GLENNA KIP

PRONOMEN: Sie/ihr
SPEZIES: Shani
GRÖSSE: 1,65 m

ZUGEHÖRIGKEIT: Galaktische Republik
ERSTES AUFTRETEN: MiV

Professorin Glenna Kip, eine bekannte Wissenschaftlerin der Republik, arbeitet in einem kleinen Labor in Port Haileap. Sie unterstützt die junge Erfinderin Avon Starros in ihrem Streben nach Wissen. Glenna bringt ihr bei, wie man Kyberkristalle synthetisiert, was Avon zugutekommt, als die Nihil sie entführen.

> »BEREITE DEINE PROBEN VOR.«
>
> – **Glenna Kip**

KALO SULMAN

PRONOMEN: Er/ihn
SPEZIES: Artiodac
GRÖSSE: 1,98 m

ZUGEHÖRIGKEIT: Gemeinschaft von Sedri Minor, Hutt-Clan
ERSTES AUFTRETEN: DHRA (PI)

Als Sprecher der Kolonie auf Sedri Minor ist Kalo Sulman deren Anführer – und er herrscht durch Androhung von Gewalt. Er ärgert sich über die Jedi Skeer und Avar Kriss, als diese das Getreide der Kolonie untersuchen. Er geht sogar einen Deal mit den Hutts ein.

ARATHAB FAL

PRONOMEN: Er/ihn
SPEZIES: Tarnab
GRÖSSE: 2 m
ZUGEHÖRIGKEIT: Keine
ERSTES AUFTRETEN: DHR: SdS

Arathab Fal ist ein gesuchter Mörder – aber ihn beschäftigen andere Dinge. Er hat eine mysteriöse Waffe, die die Jedi besiegen könnte. Die Nihil wollen sie sich gewaltsam holen und Fal kämpft, um in ihrem Besitz zu bleiben. Ermittlerin Sian Holt schlägt Fal mit Emerick Caphtors Lichtschwert einen Arm ab.

XIMPI

SPEZIES: Ximpi
GRÖSSE: 28 cm
ZUGEHÖRIGKEIT: Ximpi
ERSTES AUFTRETEN: DHR (PI)

Die Ximpi sind kleine fliegende Wesen vom Planeten Shuraden. Jedi Keeve Trennis trifft bei ihren Jedi-Prüfungen zwei Ximpi, Kanrii und Lekaki. An sich sollte sie etwas von der Spitze einer Felsnadel holen, doch Keeve besteht ihre Prüfung, als sie von der Aufgabe ablässt, um eine Ximpi-Stadt vor einem Schwarm Rieseninsekten zu retten.

DREWEN

PRONOMEN: Er/ihn
SPEZIES: Segredo
GRÖSSE: 1,57 m
ZUGEHÖRIGKEIT: Loreth-Kolonie
ERSTES AUFTRETEN: DHRA: DMvT

An einem belebten Raumhafen hört Drewen, dass eine Monsterjägerin, Ty Yorrick, unterwegs ist, einen lebenden Gundark zu fangen. Er folgt ihr in die Wildnis der Loreth-Kolonie, aber findet heraus, dass die Anführer der Kolonie Ty nur scheitern sehen wollen.

RUU

PRONOMEN: Er/ihn
SPEZIES: Lucem
GRÖSSE: 1,70 m
ZUGEHÖRIGKEIT: Jedi-Orden (früher)
ERSTES AUFTRETEN: GvLuL

Der einst schüchterne und bedächtige Padawan Ruu verliert jeglichen Glauben an den Jedi-Orden, als die Nihil seine Meisterin Conithr töten – eine in seinen Augen vermeidbar gewesene Tragödie, wären zur Verstärkung andere Jedi da gewesen. Ruu will Gerechtigkeit üben und lässt sein Leben als Padawan hinter sich. In Schwarz gekleidet und eine Maske der Nihil tragend, die nur seine funkelnden, schwarzen Augen offenbart, schwingt er Lichtschwert und Blaster, um in den vom Krieg gezeichneten Straßen Coronets die Nihil zur Strecke zu bringen.

BREEBAK & TIP

PRONOMEN: Er/ihn (beide)
SPEZIES: Bonbrak
GRÖSSE: 33 cm
ZUGEHÖRIGKEIT: Galaktische Republik
ERSTES AUFTRETEN: KuV

Breebak und der Schutzbrille tragende Tip sind zwei mehrerer Bonbraks, die mit Jedi-Mechaniker Ram Jomaram in dessen Werkstatt auf Valo arbeiten. Sie helfen Ram, einen Kommunikationsturm zu reparieren, indem sie mit Teilen von dessen Droiden V-18 das Kom-System wiederherstellen.

LORD ISAMER

PRONOMEN: Er/ihn
SPEZIES: Lasat
GRÖSSE: 2,16 m
ZUGEHÖRIGKEIT: Direktorat
ERSTES AUFTRETEN: IdD

Lord Isamer, ein Anführer des kriminellen Direktorats, wird von den Hutts engagiert, sich die Herrscher von Eiram und E'ronoh zu schnappen. Isamer will Reichtum und ist bereit, andere zu versklaven und zu töten, um seine Gier zu stillen. Er tötet Monarch Cassel von E'ronoh, fällt aber später Jedi Laret Soverals Lichtschwert zum Opfer.

»FALLS JEMAND ÜBERLEBT HAT, SCHICKT IHN ZU SEINEN FREUNDEN.«

– Lord Isamer

SVI'NO ATCHAPAT

PRONOMEN: Sie/ihr
SPEZIES: Taymar
GRÖSSE: 1,68 m
ZUGEHÖRIGKEIT: Premiumagentur für Diplomatenschutz Coronet, Galaktische Republik
ERSTES AUFTRETEN: MH

Svi'no Atchapat ist in der Galaxis als Sängerin berühmt. Sie spielt auch ihren Part in Plänen, die sich ihre Freundin Alys »Crash« Ongwa ausdenkt, um ihr Leibwächtergeschäft, die Premiumagentur für Diplomatenschutz, voranzubringen. Als die Nihil Coronets Schiffswerften übernehmen wollen, hilft Svi'no den Jedi, das Komplott aufzudecken und zu beenden.

»MANCHMAL IST ES GAR NICHT SO ÜBEL, ANDERE AN SICH RANZULASSEN, HM?«

– Svi'no Atchapat zu Alys Ongwa

BANCHIIANER

SPEZIES: Banchiianer
GRÖSSE: 26 cm
ZUGEHÖRIGKEIT: Banchii
ERSTES AUFTRETEN: ARdG1

Die winzigen, auf Banchii heimischen Banchiianer lebten auf ihrer Welt lange, bevor Entdecker der Republik dort einen Außenposten gründeten. Sie verstecken sich vor den Siedelnden, bis sie die Jedi Lily Tora-Asi treffen, die ihnen zu einem fairen Handel mit dem Außenposten verhilft.

REGISTER

Lektorat Matt Jones, Emma Grange, Mark Searle, Shari Last
Gestaltung und Bildredaktion Chris Gould, Vicky Short, Callum Midson, Ian Midson, Sandra Perry
Herstellung Marc Staples, Mary Slater

Für Lucasfilm:
Lektorat Brett Rector, Jennifer Pooley
Gestaltung und Bildredaktion Michael Siglain, Troy Alders
Story Group Leland Chee, Pablo Hidalgo, Kate Izquierdo, Matt Martin, Kelsey Sharpe, Emily Shkoukani, Phil Szostak
Asset Management Chris Argyropoulos, Gabrielle Levenson, Micaela McCauley, Elinor De La Torre, Michael Trobiani, Sarah Williams

Für die deutsche Ausgabe:
Verlagsleitung Monika Schlitzer
Programmleitung Heike Faßbender
Projektbetreuung Sebastian Twardokus
Herstellungsleitung Dorothee Whittaker
Herstellungskoordination Bianca Isack
Herstellung Christine Rühmer

Titel der englischen Originalausgabe:
Star Wars™ The High Republic Character Guide

Übersetzung Marc Winter
Satz Roman Bold & Black, Köln

ISBN 978-3-8310-4809-0

Druck und Bindung TBB, a.s., Slowakei

MIX
Papier | Fördert gute Waldnutzung
FSC® C018179

www.dk-verlag.de

www.starwars.com

Der DK Verlag dankt Megan Crouse und Amy Richau, Vanessa Bird für das Register, Alexander Evangeli für Bildrecherche, Chelsea Alon von Disney, Lindsay Burke und Robert Simpson von Lucasfilm und den Autorinnen und Autoren von *Die Hohe Republik* Zoraida Córdova, Tessa Gratton, Claudia Gray, Justina Ireland, Lydia Kang, George Mann, Daniel José Older, Cavan Scott, Charles Soule und Alyssa Wong.

Um nichtbinären Charakteren Rechnung zu tragen, die sich weder als männlich noch als weiblich definieren, kommen mitunter geschlechtsneutrale Substantive auf die Endung -e (wie Meistere) sowie das Personalpronomen xier und der Artikel bzw. das Relativpronomen dier zum Einsatz. Dabei handelt es sich nicht um eine offizielle Variante der deutschen Grammatik.